如果沒有上帝，

人們也許會容忍暴力和不義，

因爲世上的事情就是那樣的。

然而如果有上帝，

而這位上帝是公義的，

那麼人們就不能

再予以容忍了。

那麼人們就絕不能

以不義爲平常，

乃必須合力斥之拒之。

——莫特曼

U0931974

公義創建未來

和平政治與造物倫理

莫特曼 著 • 鄧肇明 譯

神學與公共系列

▼

Re: 神學與公共系列

公義創建未來

和平政治與造物倫理

Gerechtigkeit schafft Zukunft

作者
莫特曼 Jürgen Moltmann

譯者
鄧肇明

責任編輯
堵建華

裝幀設計
吳國權

■

出版 / 發行
基道出版社
香港沙田火炭坳背灣街 26 號富騰工業中心 1011 室
LOGOS PUBLISHERS
Unit 1011, Fo Tan Ind. Centre, 26 Au Pui Wan St., Shatin, Hong Kong
電話：(852) 2687-0331 傳真：(852) 2687-0281
網址：http://www.logos.com.hk

承印
陽光 (彩美) 印刷有限公司

●

版權所有 · 請勿翻印
© 1992 基道文字事工有限公司
5/1992 初版 10/2017 初版 POD 版
Cat. No. LP208A
ISBN-10: 962-457-015-9
ISBN-13: 978-962-457-015-1
Originally published by Christian Kaiser Verlag, München
© 1989 Jürgen Moltmann
All rights reserved
Chinese Edition © 1992 by Logos Ministries Limited

ALL RIGHTS RESERVED
Printed in Hong Kong

刷次	10	9	8	7	6	5	4	3	2
年份	2026	2025	2024	2023	2022	2021	2020	2019	2018

目錄

譯序

繙譯是一種演繹。從德文演繹爲英文，再從英文演繹爲中文，不獨費時失事，而且必然與原意的差距拉大。近日德國的出版商要求中譯要根據原文，是十分合理的。

人類如何在備受死亡威脅的世界中自處？人類是否仍有前途？莫特曼認爲我們不再能夠「望天打卦」，乃必須有意識地、有計劃地予以「創造」條件。

莫氏的演講都發表在八九年東歐劇變之前，所以未能肯定東西方的冷戰有無疾而終的一天。不過他所提出的許多觀點，還是值得我們思考，不愁有過時之虞。

比方，他認爲信仰固然是個人的確信，卻絕不是「私人的事情」，因爲基督所成就的救恩，乃是要成爲整個世界的救恩。我們環顧周遭，不少人正爲把信仰「私人化」而掙扎，祈望宗教和政治得以分離。有見於此，我們真懷疑自己是否生活在同一個地球上？是否生活在同一時間之內？

又如莫氏獨具慧眼，看出上帝創造的頂峯是安息，是放下幹勁不去侵犯自然，從而爲未來的世代及大地萬物呼籲。這樣「幹」神學的方法，很能啓發我們的思路。

更難得的，是他提醒我們在邁開步子走向「現代化」的當兒，千萬不要把傳統文化中的精華擯棄。想不到我們忙於清除的「四舊」，人家竟視之如瑰寶，像「生生之謂易」的「易」。

德國的倉頡喜歡用同一個字根創造不同的字，譯爲別國的文字難免要顧此失彼，至於音和形的失落更是無法補救。

原書註腳所列書目，還未有中譯本，故從略。但書中引用的典故，俱一一加上譯註說明，希望可以助讀者一臂之力。

鄧肇明

一九九一年三月

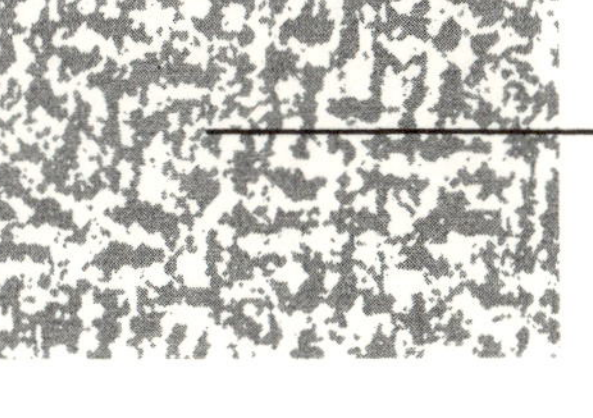

前言

儘管人們以爲前程是將來的事，隨着時間是會到來的。過往，事實也確是這樣。然而，隨着核子、化學、生物等等大量殺人工具的製造，隨着自然界迅速遭受破壞，人類的生存如果受到徹底的危害；那麼，人類的前程就不再是理所當然的事，乃必須有意地「開創」了。換言之，人類的生命期是在自己的控制下，如果我們願意未來的世代和我們一同活在這個地球上的生物繼續活下去，我們就必須不斷爲生命開創新的限期。人類經已是不免一死了。我們的時間經已定下了限期。這是人類歷史上的一種新情況，就是基督教的信仰和基督教的神學，對此也非首先加以認識不可。由於人類及地球上所有較高等的生物都可能有盡頭的一天，所以我們的時間也因爲這種可能的毀滅而顯露出末時的特性，這還是按平常的說法，完全不是指末日的啓示。在這種情況中，我們要學習生與死所面臨的新問題，就比重複前人的舊答案重要得多，因爲我們對於這些問題還沒有找到可以解救的答案。

無庸諱言，我對這種新情況的體會，是基於歐洲的經驗，而我對這種情況所作的陳述，是受西方和德國的傳統所塑造的。故此，我立意約束自己少談第三世界國家的情況。我這樣做，不是因爲我認爲這些人民的問題沒有那麼重要，而是因爲第三世界的神學家自己會說。然而我深信，如果每個人對自己的情況徹底地研究，那麼，在這個惟一但分裂的世界中，神學家、基督徒和其他的人類互相通力合作所建立的羣體，肯定是最有力量的。我們在分裂的歐洲愈爲和平及裁軍而努力，就愈能和第三世界中那些爲解放、爲經濟的公義而奮鬬的人志同道合，並因此更能幫助他們。團結一致的意思也是說，我們要在與別人一起的共融中，和按着他們所面對的問題來解決我們自己的難題。

本書所收集的三篇論文，分別討論社會公義、和平的政治及創造的倫理。這是根據我近兩年在德國、意大利、匈牙利、荷蘭、英格蘭、蘇格蘭、愛爾蘭、澳洲、加拿大和美國所作的演講和討論編成的。自一九八三年普世基督教會協會在溫哥華討論「公義、和平、保護創造」以來，這個題目備受注意，本書付梓即欲對大公會議式的集思有所裨益。

莫特曼

杜平根，一九八八年十二月六日

1 現代社會有否前程？

1. 現代社會的矛盾

我所說的「現代社會」，一般是指工業革命後所產生的人類社會。我特別是想到西德的社會，那是我和我的孩子要居住的地方。所有工業社會都受制於社會上的不斷改變。我們今天正經歷到「第三次工業革命」：生產方式在機械化之後是電氣化，現在則是電腦化生產。生產方式的改變要求人類要有相應的活動力和伸縮性，要有能力去開創新的途徑和克服遭遇到的矛盾。從社會和政治的角度來看，現代社會必然是一個不斷改革的社會。這個社會惟有準備好要改變，才能發揮自己的潛力。

然而，任何社會的改革都需要有歷史的異象，即前程的異象，因爲我們要知道將來是否值得活下去。特別是在科技的改變要令許多人遭遇到巨大的社會矛盾及經濟危機時，生存必須是對前程有這樣的一種異象。「沒有異象，民就滅亡」（箴二十九18，另譯）。保守的人沒有面對前程的能耐，因爲他們不能面對改變。他們希望一切事情都保持現狀。他們希望自己的現狀能夠伸展到將來，以致可保護自己的所有。既然這樣，因爲將來可能和他們所認識的現在不一樣，他們對前程通常是有顧慮的。他們不希望改變，只是一味的害怕。然而誰若只是想把自己的現在延伸到將來，誰就會失去將來所提供的新機會。其實他是用這些機會來排擠將來。殊不知在今天，若僅僅是延長現狀，就不可能有值得我們生活的**前程**。惟有透過變更和改革，我們才能挽救我們今天認爲是值得爲未來保存的東西。今天，那些保守分子、馬克思主義者或反馬克思主義者，因爲害怕將來，喜歡表示他們是擔心「不穩定」(destabilization)的。只是若不容許我們的體制出現任何有意識及有計劃的「不穩定」情況，就不會有甚麼的革新 *(Perestroika)*，也不能盼望甚麼新的前程。簡言之：沒有危機就沒有機會；沒有批評就沒有自由。

現代社會有否「前程」？

許多人對這個問題深表懷疑，因爲他們受過這個社會的矛盾所引來之苦，對之頗有認識。許多人受過這些矛盾之苦，可是卻不知道眞正的原因，所以失望之餘便有點無動於衷。總而言之，在地球上那些富裕社會中，從來沒有像今天的西方工業社會那樣經歷到事事迷失了方向，對現存的制度會是那麼的心灰意冷，那麼的冷嘲熱諷，那麼的自怨自艾，那麼的大肆抨擊。以下只是其中的一些矛盾：

（1）我們不僅生活在階級社會中，也生活在所謂「三分之二的社會」中。有這些社會出現的原因，是因爲我們雖然有足夠的資源，使得社會上的所有成員可以過着自由而公平的生活，但其中三分之二的人卻將其餘的三分之一推到貧窮線以下，使他們被貶爲「多餘的人」。這裏面有小孩和老人，傷殘者和文盲，以及許多邊緣的羣體。在西德，失業率是百分之八至十。雖然「世界人權宣言」(Universal Declaration of Human Rights)第二十三條聲明「每一個人都享有工作的權利」，但政府的宣告卻是：即使在將來我們亦必須準備好要面對

「這種結構上的失業境況」。我們的人民有百分之十不僅被奪去工作的機會，以致不足以維持生計，更因爲沒有職業和收入而失去了自尊，失去了與他人羣體共融的機會。西方數個工業社會近十年所產生的「新貧窮」不是無可避免的命運，乃是在社會政治方面失職的結果。青年人在成長過程中即要每日面對失業的威脅，要接受社會不需要他們的這種事實。那簡直是令人憤慨的事。我們知道，失業、偷竊和入獄之間是有關連的。在美國，在所有刑事犯中，有百分之五十犯案時是失業的。自一九七九年來，入屋盜竊的案件增加了百分之六十。對這些青年來說，我們的社會完了。「沒有前途」——這是他們絕望的聲音。

（2）凡對前程有盼望的就在現在**儲蓄**，並爲前程而**投資**。凡沒有盼望也不願意有前程的，就享受現在，**負債纍纍**，叫子孫或不管是誰以後要一一清付。從投資和債務中我們淸楚看出一個社會有盼望或者無望。西方社會絕不僅僅是負債愈來愈重的第三世界國家的債權國吧了，其實她們在自己的國家預算中也堆積起巨大的赤字，這尤以美國爲然。我們因此而令子孫和他們的子孫背上可怕的債務，致使他們的生活困難。這是「沒有前程的政治」(no-future-politics)。

（3）現代社會爲了彼此防備對方而發明及建造了「**核子阻嚇系統**」(system of nuclear deterrence)。由於害怕互相毀滅，於是用愈來愈多的資源以策「安全」——從原子彈到「星球大戰」，式式俱備。他們說：「互相保證毀滅」(mutually assured destruction) 就應該可以保證安全。豈知爲這樣的「安全」付出愈多，當得到保護的價值便愈少。核子阻嚇不僅威脅着潛在的敵人，更使整個人類及地球上所有較高等的生命受着被毀滅的威脅。這意味着要置全球於集體謀殺之下。整個人類經已是不免一死了，現在有兩個到三個政治及軍事體系要決定人類到底是滅亡還是生存。我們不能不肯定哲學家安達斯

(Günter Anders)的說法：人類可能發生的終局始於一九四五年的廣島和長崎。我們的前程是隨時都有可能面臨終結的！

（4）還有，現代工業社會比之以前任何的社會生產了更多的財富。不過爲人類生產這些財富卻犧牲了大自然。從前的社會沒有像這個社會那樣，曾對大自然的環境作過那麼多無可補救的破壞。我們的社會把大自然和人類帶領到「生態危機」中，但現在更可能早已變爲「生態災禍」了；無論如何，對於較輭弱的生物，情形便是這樣。知情的人不免惶恐不安，害怕大自然遭受到這樣的損壞，以致人類有一天很可能與恐龍同列，成爲絕了種的生物。使人更不安的，是有人懷疑致命的一擊早已不能挽回，因爲上升到地球臭氧層和滲入地層的毒物，我們經已不能再收回來了。若是那樣，人類在絕種的徵候顯露之前，命運就早已注定。若是那樣，我們事實上再沒有前程，我們擁有的只是現在，而且不久便要成爲過去了。

基督徒對這個世界有否「盼望的異象」呢？還是說，建制的教會和社會早已融爲一體，以致我們只能認同社會中的曖昧和矛盾，因而無法向當代的人傳送盼望的佳音呢？自然，在多元的社會中，基督的教會無權代所有人（包括基督徒和非基督徒）說話。然而，這個社會所有的人卻有權要聽一聽基督徒之爲基督徒——即本着他們的獨特信仰和全備的盼望，到底有甚麼要說的話沒有。

對於建制教會，社會人士早有認識，所以沒有多少人期望它對前程會提供甚麼值得我們爲之存活的異象。這是眞的。不過，所謂耶穌基督的**眞**教會豈非正是經已**回歸**到上帝的實體？豈非是經驗了**重生**而有活潑盼望的實體？同時，悔改和重生的結合豈非正是上帝和世界的前程的**聖禮**？我覺得這樣才是更眞實的事。因爲除了悔改，重生到活潑的盼望中，和藉着那叫人活的聖靈，得享上帝的國這些屬上帝的經驗外，我們之爲基督徒實在找不到別的理由了。

2. 神恩的經驗與基督徒的前程盼望

基督徒想及這個被死亡威脅的社會有否前程時，是從自己之所以成爲基督徒這種經驗開始的。教會投身於自己所處社會的衝突中，也是爲了上帝的緣故。因爲沒有上帝就沒有教會。所以基督徒的社會參與是要爲基督作見證，而教會的政治責任繫源於上帝最中心的使命。不然的話，這兩者都是任意妄爲的，在原則上是多餘的。但基督徒之爲基督徒，教會之爲基督的教會，是基於甚麼呢？

（1）這是因爲上帝藉着基督，叫我們這些沒有公義、沒有和平的人得以稱義，得享和平。保羅說：「耶穌被交給人，是爲我們的過犯；復活，是爲叫我們**稱義**。」（羅四25）歌羅西書一章20節也說到同一的和平：「既然藉着祂在十字架上所流的血成就了**和平**，便藉着祂叫萬有，無論是地上的，天上的，都與自己和好了。」基督徒之爲基督徒，教會之爲教會，能夠有所作爲，一切全賴上帝在基督裏這種叫人稱義、與人和好、成就和平的作爲。教會因此只不過是在上帝這種復和行動中受到**痛苦**而結出來的果實，是因上帝叫人稱義的**作爲**而生的受造物，同時這兩者合在一起，便是上帝成就和平、賜人生命的**旨意**所作的工了。可見我們憑信心體驗到的「教會」，經常是對上帝恩典的體驗，是那些因不能看見自己還有甚麼前途而予以放棄的人，經驗了上帝的接納、得到了上帝的建立。

（2）然而，有**恩賜**就當有相應的**責任**。如果說，教會、基督徒是上帝叫人稱義、成就和平的行動所作的**工**，那麼，他們在這個世界上也該同樣認眞地成爲上帝這種行動的**工具**。不義的人既然得以稱義，就接受差派，爲社會的更大公義而努力。這些沒有平安的人既然與上帝和好，就接受差派，在這個社會的衝突中促成和平。基督徒領受了神的恩惠，除此之外別無回應的方法。自然，上帝是上帝，人是人，上帝富有創造性的行動和人與之相應的行動卻不是在同一層面上的。不過上帝既然親自把這兩個平面連接起來，就誰也不該予以分開。人的義既完全出於上帝，所以上帝對人的行動是否公義就極表關注。祂叫誰稱義，就叫誰的心裏飢渴慕義。祂把自己的平安給予我們，是叫我們成爲和平的使者。誰若只是自己享受上帝的平安而不努力促成和平，就還不懂得聖靈的運作能力。

教會於現代社會裏，是作爲上帝的公義的工作和工具而存在的。這個社會有關經濟、政治和社會方面的衝突，也就是教會自己的衝突。基督徒是親身體驗到這些矛盾。所以他們愈相信上帝的公義，就愈感到周遭的不義所帶來的痛苦。如果沒有上帝，人們也許會容忍暴力和不義，因爲世上的事情就是那樣的。然而如果有上帝，而這位上帝是公義的，那麼人們就不能再予以容忍了。那麼人們就絕不能以不義爲平常，乃必須合力斥之拒之。如果有上帝，就有公義和審判，是誰也逃避不了的。

教會愈認識自己的社會處境，在社會上就愈能成爲上帝的公義的工具。歐洲的**政治神學**和拉丁美洲的**解放神學**都加強我們對社會和政治處境的認識。這並不如許多人所猜疑的，是某些可疑的左派所搞的「教會政治化」。這乃惟獨是爲了教會要在公衆面前爲基督作見證，也是因爲每一個基督徒都要在上帝公義面前負起責任的緣故。

（3）基督的教會如果是上帝在世上的公義的工作和工具，那麼，在這種公義中，她便是要來到的新創造的**開端**和**保證**。如果上帝的平安可以在教會中體驗得到，那麼，對「地上平安」的**盼望**也當在此興起。信心是經驗了上帝的公義後，用思想、言語和行爲所作的回應；**盼望**則在期待公義的新世界。信心欣然接受與上帝的和好，**盼望**則預期和平新世界的降臨。信心是在一切苦難中找到上帝的安慰，**盼望**則是看見未來的新創造，看到在那裏不再有苦難、悲傷和呼喊。簡而言之：誰相信上帝就對這個世界有盼望，並不絕望。他的眼睛能看到末世恐怖的領域以外，直達上帝的新世界裏，並因此能作出相應的行動。

自從烏普薩拉(Uppsala，1968)會議以來，在普世教會的討論中，我們稱這種在盼望裏的生命為「預期中的生命」：預備主的道路。儘管今天人們變得越發焦慮和恐懼，我還是覺得烏普薩拉的信息有現實意義的，而且比之以往更加的重要：

> 我們憑着仰賴上帝的更新大能向你們呼籲：預先參與上帝的國，使基督在祂的日子裏才能完成的新創造，經已在今天顯露眉目……上帝要更新，基督也願意祂的教會現在經已標誌出一個更新的、富有人性的社會，並宣告它的來臨。

人不僅是活在過往的傳統中，也同樣活在將來的期望裏。我們是在戰兢和盼望中預期前程的到來，並在現今就投身其中。今天絕望的人說：「沒有前途」，其實他們已預料他們的結局，並同時破壞了別人的生命。反之，基督徒預期新創造、公義自由的國度的到來，不是因為他們是樂天派，乃是因為他們仰賴上帝的信實。我們也知道公義的國度不會在世上實現。然而為了上帝的緣故，我們不能捨棄這種職責。期望是預先嘗到的滋味，是盼望的記號，是新生命的開端。

3. 在社會中創立公義

我們現在要從上帝的公義及和平的角度，這個服務人生的角度，來探討人類生活的一些重要關係。我探索的次序如下：

⑴ 羣體生活中的個人
⑵ 世代中的羣體
⑶ 自然環境中的世代
⑷ 上帝面前的受造物

⑴ 羣體生活中的個人

現代工業社會產生了這樣的公然個人主義，即每個人都關心自己的自由，卻沒有人願意太花時間去關心別人。社會上講求競爭的規則，能幹的獲獎，弱者受罰。此外，由於謀生的機會如職業、工作崗位等基本上是「僧多粥少」，不能人人有份，於是形成互相爭競對抗的局面。結果變成一個要努力往上爬的社會，有愈來愈多的人被推到邊緣或擠到下面去。這「僧多粥少」的意識使到人們孤寂、疏離，剝奪了他們和別人的關係，並帶領他們走入社交死亡的窮途。

如果這個社會的人要再過更有人性的生活，就必須從下面開始建立羣體共融的生活，並要知道，我們只能透過人與人的關係及羣體才能發展個性。貧窮的另一選擇不是財產。貧窮和財產的另一選擇是——羣體生活。像克魯蒲特金(P. Kropotkin)反對達爾文時所指出的，在動物和人類的世界中，生命的原則是「互相幫助」。在羣體中我們變得豐富：我們有許多的朋友、鄰舍、同事、姊妹和弟兄，他們都是我們在危急的情況下可以依靠的。我們在羣體中聯合起來，就是碰到最大的困難也可以互相幫助。我們團結一致，就有力量可以塑造大家的命運。但如果我們是分開的，難免受制於人，正像古羅馬是用「分而治之」來統治一樣。所以羣體是保護個人自由的眞正盾牌。

相反，我們也必須認識到，羣體是十分保守的，但個人則可具創造性。

個人是要在羣體中發揮自己，但羣體卻因個人而改變。

現代社會是處處中央制的社會。它在大都會創造了龐大的工業中心和行政中心。因此，地方上的社區變得貧乏，而鄉村的人口也漸漸稀少。所以要重新建造人類的社會，就要從地方的、看得通透的、得以親身體會的社區着手，並將從地方交付給中央的許多功能和責任重新恢復過來。在現代資訊時代進行**地方分權**在技術上並無問題。但社會要得以成爲自立的社區，才是具有人性和生氣勃勃的。

對於建制教會來說，情形也是一樣，無論如何在西德便是如此：我們將差傳、教會合一運動和社會服務從地方教會身上拿走，委託給大的聯會。這樣，地方教會就變得貧乏和被動了。其實人們自己所能履行的責任，若是委託給別人做，便引致疏離的情況。所以我們現在要把這些責任交回地方教會，使之成爲服務社會的、差傳的和促進教會合一的教會。地方教會一旦從宗教禮儀的教會變爲生活團契的教會，自己就能照顧許多傷殘人士和年老信徒。這正是耶路撒冷初期教會的寫照（徒四 32～34）：「那許多信的人，都是一心一意的，……東西……都是大家公用。……內中也沒有一個缺乏的……」我並不以爲那是烏托邦，我認爲那反而是聖靈的應許，是我們都可以經歷的。

失業的問題也該從這一方面去了解。工作是人生的基本條件。它保證我們在生活上的物質條件，除此之外更使我們獲得社會認可，給我們帶來個人的自尊；同時，它也塑造我們的個性。因此，「工作的權利」不僅是物質上的，更是與個人有密切關係的權利。我們工作的方式、工作機會的分配，不僅決定個人的命運，更規範着我們共同的前途。

所以，若使工作在各方面都達至公平，則起碼要：

（ⅰ）縮短工作時間，提供新的工作崗位，使男女的工作機會得到公平分配；

(ii) 工作得到公平的報酬，工作編排合乎人道；

(iii) 提供廣泛的訓練課程，使工人有機會進修；

(iv) 與其縮短一生的工作歲月，毋寧在工作期間制定休假年；最後

(v) 社會要認可計薪以外的工作，特別是家務及在家裏看顧小孩和老人等工作。

我們對工作需要下一個新的定義：一般來說，工作是積極參與**社會的進程**，不僅僅是參加社會的**生產過程**吧了。在社會的進程中，每一種可敬的工作都需要公衆的認可，除此以外還當有金錢的報酬。

(2) 世代中的羣體

我們顯然習慣於從橫切面來看人生：所有的人都是在同一個時間之內。然而稍覽一下舊約，便知道從前的文化是從縱切面看人生的：所有的人都是一代接着一代的。事實上，人不僅是社會的生物，更是**代的生物**。人是按着一代一代而受造的。他們作爲一代一代而彼此一同活着，也是一代一代的爲了彼此而活着。因此人類生命的興和衰就要看**代與代的契約**是受到保護還是破壞了，因爲這契約雖然是不成文的，卻是所有生命的基礎。這契約告訴我們，當孩子弱小無助，父母就得加以看顧；當父母年老無助，孩子就得加以照顧。它不僅應用於與自己的家庭之內，也包括在同一社會共同生活的各代。由於每一個人都生活在一代一代的連繫上，也是因爲代的關係而有自己的生命，所以每一個人都有責任使到老有所終、幼有所養。如果一個社會各代的人彼此關懷，不僅夫妻之間相愛不渝，老幼之間亦同舟共濟，那麼，人與人之間的團結就顯露了。

現在不僅有個人及集體的自私自利，更有對於未來的世

代來說是**現世代的自私自利**。除非現世代和未來世代之間的生存機會獲得公平的協調，否則人類的羣體就難以在一代一代的連繫上延續下去。今天，代與代的契約正受到終止的威脅，那對人類來說是會致命的。我們正準備在這一代耗盡地球上的石油。在社區、城市和國家的財政預算中，我們留下堆積如山的債務，非要未來的世代清付不可。我們將有毒的工業廢料貯埋在地裏，等到子孫將來再掘出來，就必須想辦法處理。核電廠所產生的原子廢料，每一種元素的半週期不一，但總得要小心存放和保護，直到公元三千年或五千年，或甚至更長的時間。還有，和我們認識的所有其他社會比較，我們的社會將會有更多的老人和更少的年輕人。換言之，年輕人爲老年人所支付的退休金必然會增加。也是說，這一代的人使到未來世代的人生活得十分困難。我們並不以公平來對待我們的子孫。

爲了公平地對待人類的世世代代，我們在管理受託的財產時，就要更加公正地計算成本和利益。我們現在享受利益而留待後世清付代價，那是不可以的。根據西德的基本法，財產是要負上**社會責任**的。誰獲得和擁有財產都要負起社會上的責任。又由於財產是在時間上爲各代所擁有的，所以也有**繼承的責任**。我們現在承受的土地、空氣和水分是怎麼樣的，將來也要怎樣留傳給後世。每一種財產的狀況都必須嵌入代與代的契約中，因爲只有考慮到後世的需要，我們才能公平地使用現有的財產。在從前農業的社會，人們將所繼承的土地完完整整地傳給子孫，那是理所當然的事。可是在現代的工業社會中，這種代與代之間的**公義繼承權**就必須有意識地予以重建，因爲這已不再是那麼理所當然的了，因爲許多人已經看不見其中的關連了。

人類的世代組成人類在時間上的羣體，而這種時間上的羣體卻在於代與代的相傳。所以代與代間若存在着公義，而

「代與代的契約」亦得到遵守，則這種時間上的羣體是人類眞正的羣體。在我們今天的景況中，我們尤其要重視小孩的權利和後世生存的權利，因爲小孩在代與代的連繫上是最弱的一環，而後世的人還不能發言，所以是現世不義的首位受害者。

(3) 自然環境中的世代

我們現在注意到的下一個生活圈子，是自然環境，以及人類文化和大自然的關係。人類不僅是社會生物和世代連綿的生物，也是自然的生物。他們是屬於大自然的，同時依靠大自然而生。人類的文明要和地球這個有機體所處的宇宙條件保持均衡才能發展。若破壞了這些條件，人類的文明就會慢慢死去。前現代農業社會懂得這個道理，他們藉着敬拜宇宙間的鬼神，來表示對地球那些條件的尊重。只有現代工業社會才設法使自己和自然的法則及節奏分離。那是純粹按人的願望和想像建立起來的。現代的科技文明可說是頭一個只顧支配和剝削大自然的文明。培根 (Francis Bacon) 早已預言科技要將大自然變爲「人類的奴僕」，而笛卡兒 (René Descartes) 卻誇口要藉着自然科學和工藝，使人類成爲「大自然的主人及擁有者」*(maître et possesseur de la nature)*。然而，大自然卻藉着靜靜地死去，藉着一些反進化的如愛滋病、海藻等來抗議現代工業社會對它所施的强暴。大自然的循環突然遭受到這種干擾，是會使人類慢慢死去的，地球卻會在沒有人類的情況下繼續存在下去。

片面追求增長和擴張的社會不能持續多久，因爲它不單對人，也對自然的要求過多，並加以破壞，以致最終走上自我滅亡的道路。人類要避免在大自然中死去，就必須在生活及工業生產方式方面作廣泛的**悔改**。我們的社會、生產、消費及交通都需要作**生態上的改革**。假如我們有政治方面的意願，那在技術上是完全可行的。所有人類的產業，特別是工業大企業和交通系統，都要檢查其是否與**環境生態相合**。凡是加重自然環境負擔的，或破壞自然環境的，都必須拆除或禁止。一些消費品的殘屑，如某些化學產品和塑膠，留在地上不能消除，就不該再生產了。我們必須揭露富裕國家那種製造廢物的生活方式是「不自然的」，是「不健康的」，因而需要改變爲自然的和更加健康的生活方式。**生態公義**是人類和自然能夠繼續共生的根本，所以在將來會同**經濟公義**及**代間的公義**同樣的重要。

我們的社會若要進行生態改革，最好也是在細小的、看得通透的社區開始。一般來說，只有外地人才不關心環境遭受破壞。誰若住在那裏，就必會保護那裏的環境，使自己的周遭可以住得下去。因此居民有權組織行動小組，來反抗外來的跨國公司那些破壞自然的工業大計劃。

⑷ 上帝面前的受造物

我們回來談談人類的內心態度：目前我們特別需要的，是對**自然**及其他受造物的**生命**要有一顆新的敬重之心。在這一方面我看出宗教——尤其是基督教會——的重大使命，因爲打通**大自然世俗化**之路的，是西方這種「現代的宗教」(religion of modernity)。我們的文明經過漫長的歷史後，終於走到了終點。從前認爲自然力量是和諧的那種世界觀，經不起現代**一神論**和自然科學的**機制**(mechanism)兩面夾攻而煙消雲散。正如韋伯(Max Weber)所說，現代的一神論奪去了大自然屬神的奧祕，使之「失去魔力」。它已經使到自然成爲人類征服的素材了。如果我們對自然及其他受造物的生命有一顆新的敬重之心，就必須徹底改革這種「現代的宗教」。我們不能再把上帝從大自然中分開，反之我們要注意到**上帝是在大自然中**，而**大自然也是在上帝中**。人類要再度回歸那個無所不包的**創造的羣體**中成爲一個整體，不能再獨立生存。我們要再次認識，大自然和我們自己都是上帝的受造物，所以我們要奉上帝受造物之名，抵抗人類對大自然的破壞。我們對大自然的認識，不能再只是爲了要征服，乃是爲了要明白怎樣才可以參與其中。我們對社會作生態改革的過程中，要讓不是人類的自然有發言權，並尊重其他受造物的權利。這樣我們才能重新發現**上帝在自然中的智慧**，如箴言八章35、36節所說：「因爲尋得我的，就尋得生命。……得罪我的，卻害了自己的性命。恨惡我的，都喜愛死亡。」在這裏我看見當代神學最偉大、最迫切的使命。我認爲今天基督教會最大的使命是對這種「現代的宗教」進行**生態的改革運動**。現代工業社會得以進行生態轉向的前提，是要在精神上及文化上轉向，其根基在於宗教上對上帝和大自然的實在有了新的體驗。

現代社會有否前程？

其前程是**悔改**。

人類能否度過上述的危機呢？

我們不能知道；我們也可以不知道。如果我們知道我們將**不再繼續生存**，我們就不再爲子孫幹甚麼，乃只是說：「我們之後有洪水。」如果我們知道我們會**繼續生存**，我們也不會幹甚麼，因此也會因爲不幹甚麼而錯失悔改的機會。由於我們不能知道人類是否會繼續生存，我們今天就必須這樣幹，像整個人類的前程都全仗我們一樣，同時我們亦全心相信，上帝對於自己的創造是信實的，不會捨之而去。

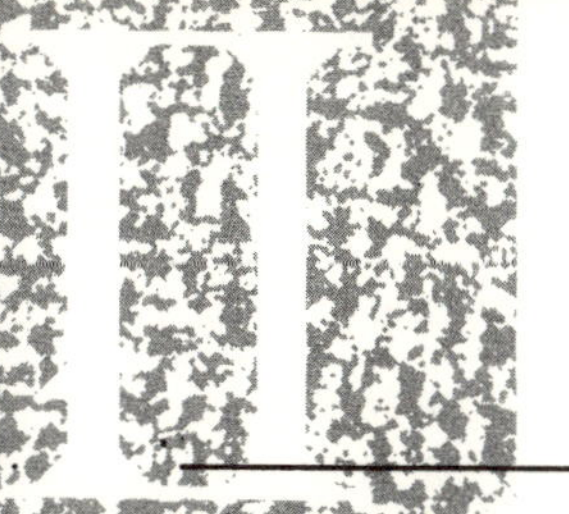

核子情況：

神學與和平政治

1. 從清晰的盼望轉到沈悶的焦急

一九六三年八月二十八日，馬丁路德·金(Martin Luther King, Jr.)站在華盛頓林肯紀念館前，向一個分裂的、受壓逼的世界宣布他那個和平、自由、人道的美夢，令人難以忘懷：

> 我有一個夢，有一天這個國家會站起來，眞正活出他們的所信：「我們認爲所有人生而自由平等，這個眞理是不證自明的。」
> 我有一個夢，有一天我四個孩子所居住的國家，將不再按膚色，而是按他們的品格而受評價。
> 我有一個夢，有一天所有的山谷將要升起，所有的山峯將要下沈……主的榮光要顯現，給萬民可以一同觀看。

一九八三年十月，在白宮離那個地方不遠之處，美國總統列根(Ronald Reagan)也有一個夢。他回答《耶路撒冷郵報》一位猶太記者說：

> 我返回到你們舊約的先知，回到宣告哈米吉多頓的兆頭中，我得問一問自己，我們的世代是否要經歷這一切。我不知道你最近有否注意到任何其他這類的預言，但請你相信，這些預言的確是描述我們所生活的時代。

在競選活動中，卡爾伯(Marvin Kalb)追問列根，他是否暗指「核子的哈米吉多頓」。列根首先說是，後來卻使說話變得含糊不清。（見《時代週刊》，一九八四年十一月五日。）

時代心情的改變沒有甚麼比這兩個異象表達得更清楚的了。它們之間相隔只有二十年，而且各自在當時激發起世人的心。馬丁路德·金爲美國民權運動帶來高潮。百多年來在思想和法律上所存在的種族差別論是可以克服的，而且可以成爲現實。因爲人們對主即將來臨的榮耀重新燃起救贖的盼望，使到分開和彼此仇視的人可以合而爲一。所以就是在今天，在這個地方，這個彌賽亞的盼望經已賜人以克服仇恨和敵意的力量。那時候不僅是在美國，在許多地方人們都跟着唱：「我們要克服——終有一天。在我心深處我相信，我們要克服——終有一天。」

然而在今天，這種心情顯然是徹底改變了。不僅是在華盛頓的白宮，哈米吉多頓那種血腥決戰的恐怖夢魘經已替代了盼望生命、自由和公義的政治異象。在歐洲，特別是在切爾諾貝爾(Chernobyl)核電廠意外之後，一個新的幽靈經已出現：**核子末日的幽靈**。這些年來，「即時末日」*(Apocalypse now)**不僅是電影的名字吧了。各地方的人都聽到世界大鐘最後的響聲。各部門對於「事發當日後」的善後計劃，宛如恐怖故事，令人難以想像。在「午夜前的五分鐘」(five minutes

* 編按：這部電影在香港上映時譯作《現代啓示錄》。

to midnight)，即人類仍能生存的時間中，醫生要學習「挑選」，以便將受到輻射、生還無望的人選出來。心理藥物要大量貯備好——例如在杜平根(Tübingen)的一間醫院裏——以便使受到驚嚇的人安靜下來；而再也醫不好的，就使之安然沈睡。將末世的地獄藉着這種「災禍藥物」的腳本預先演出來是會有影響的，特別會增加年輕一代的悲觀心態：沒有前途！

這有甚麼效果呢？

無論在精神上或實際行動上，人們在掘壕自衞，爲自己築起籬笆，中斷活動。他們感到興趣的，只是一切都不再變動：軍事制度不要有眞正的裁軍，經濟制度不要有眞正的改革。他們把自己固定在現在中，不再期望有甚麼別的將來。既然這樣，人們必須盡可能把現在伸展和拉長。因爲將目前的處境作任何眞正的改變，都可能把整個結構從根本處動搖，將之推向深淵裏。所以任何人若要藉着對前程的新盼望而想作新的開始，想要改變那些過時的處境，都顯然是妄想的。

爲誰的益處呢？這些恐怖的圖象幫助了誰呢？這些新末世的恐怖景象完全是替所謂**安全政治**(*Sicherheitspolitik*)服務的。這種「國家安全的政治」稱爲「現實政治」(*Realpolitik*)，在必要時許多國家可以廢除法律和憲法，藐視人權，爲了保障有錢人而令到大部分百姓窮困。這便是**現代末日啓示的政治**。於是那種充滿盼望要衝向社會公義「新領域」(new frontiers)的幹勁就讓步給無奈的心態，等待那即將降臨，在哈米吉多頓和「邪惡國度」作無可避免的決戰。

然而荒誕的是，這種世界末日的新心態對許多人的個人生活**是毫無影響的**：他們絕不會因此而更改他們的中期渡假計劃。如果你問這些人在將來的二十年期望些甚麼，答案就矛盾得很：在政治方面，許多人說在這一代會爆發原子戰爭，但卻幾乎沒有人預期自己會死。許多人說大自然會有毀滅性的災禍，但卻幾乎沒有人預期自己會罹上不治之症。要解釋這些矛盾可不容易：末世的時代心態在政治上是有效的，可以利用，也的確令許多人會想及世界的將來，不過這種心態對於個人生活的影響是**表面的**，也不導致任何的悔改。它令人**警覺**，但也令人**麻木**。它使人激動，卻不促使人去做甚麼。它應該叫人作及時的決定，不過由於所發出的一般災禍景象，反而增強了人們猶疑不決的心理。人們早已準備好，要在他們所害怕的世界末日來臨之前忍受許多負面的事：他們容許不義和暴力，這本來是他們所極力反對的。末世的心態只叫一些人「警醒禱告」，大多數的人卻陷入枯燥的深思中，進入「核子昏迷」(nuclear numbing) 狀態，因爲沒有甚麼要比絕對的絕望更令人昏昏欲睡的。「你們不能同我警醒片時麼？」這是基督在客西馬尼園問門徒的話。

2. 核子時代的日期

一九四六年愛恩斯坦 (Albert Einstein) 早有預言：「除了我自己的思維方式之外，原子所釋放的力量改變了一切。人類若要繼續生存，我們就需要有基本上新的想法。」四十多年後的今天，核子武器的毀滅力量極度膨脹，已到達無法測度的地步。然而我們還在尋找「新的想法」，使人類得免喪命之虞。自從廣島以還，「原子彈」一下子改變了世界，不過基督教的神學卻慢慢才開始注意到，在這種新情況中它所有關於權力、驚恐、戰爭等等傳統觀念都是過時的。火箭的發射已經超過音速，但「聖靈」顯然還一直在「徒步」。因此人們的意識今天還遠遠跟不上，還不知道在核子時代中，人類賴以生存的條件經已發生了多麼大的實質改變。正因爲我們對這種情況未有實質上的了解，我們對於前程的盼望亦未能有令人信服的異象。「核子昏迷」的烏雲正壓在人們的心頭上。我們因害怕大災禍所產生的焦慮，令我們今天無法做所當做的，來保障我們的子孫明天仍可活着。

（1）一九四五年的廣島從基本上改變了人類歷史的性質：**我們的時間有了限期**。我們現在所生存的時代，是人類最後的時代，因爲在這期間人類的終局可能隨時出現。核子阻嚇系統經已建立，且日趨完善，能夠在幾個小時之內摧毀大多數人的生命。核戰之後的核子冬天 (nuclear winter) 亦會令生還者沒有生存的機會。即使是用純粹世俗的說法，不加上聖經末世的啓示，這個隨時都可能是人類終局的時間，事實上是「末時」。因爲沒有人可以期望這個核子時代之後，會有甚麼別的時代，人類自己要毀滅自己的威脅也不再存在了。戈爾巴喬夫 (Gorbachev) 對「沒有核武的世界」的夢想誠然是美麗的，不過卻只是如意算盤吧了。沒有人會認眞相信人類現在所能做的，有一天就不能再做。誰把公式學會了，就不能再忘記。自一九四五年廣島以後，人類失去了「核子的淸白」，再也奪不回來了。

如果核子時代是人類最後的時代，那麼今天人類爲繼續生存而戰就是**爲時間而戰**了。爲生命而戰是爲反對核子結局而戰。我們嘗試將人類在地上受到危害的生命不斷創造新的限期，就是盡可能把末時變爲無盡期。這種拖延終局之戰是爲繼續生存的長期戰爭，充其量是一場沒有勝利的戰爭，是一場沒有盡頭的戰爭。我們也許能夠把這個核子末時延長，不過我們及所有後世卻必須在這個末時中「殘喘」，因爲在幸福中所隱藏的危機 (the sword of Damocles) ——核子彈——隨時都會降臨。人類的生命期不再像到目前爲止一樣，可以爲大自然所保證，乃必須由人自己有意識地制定我們可以繼續生存的對策。至今，每逢瘟疫及大戰之後，大自然總讓人類獲得新生。至今，大自然藉着某些個人保護人類免於滅亡。但從今以後，情況不再了。戈爾巴喬夫說得對，自廣島以還整個人類都是「不免一死」的。依他看來，自廣島以還，

「不死」，或說得謙卑一點，「生命」經已無可避免地成爲人類文化，包括政治文化的首要任務。換言之，今天所有的決定都必須顧及後世的生命。這是所有人的嶄新責任，卻至今仍未爲人所知。

(2) 核子時代是所有民族和人民頭一個的**共同時代**。自廣島以還，地球不同民族的許多不同歷史已匯合爲人類一個共同的世界史；儘管開始的時候只是負面的，因爲大家彼此威嚇，同遭一起湮滅的危險。不錯，核子軍備的興起是因爲超級大國要爭霸世界：誰首先成爲核子大國就得成爲絕對者。他可以威脅毀滅世界以令所有其他的人屈服，獨霸世界。只可惜核子武器是沒有專利的，所以誰人也贏不了。不但如此，核子超級大國的勢力彼此抵銷了，因而變得輭弱無力，因爲「誰先放第一槍會是第二個死去的人」。核子阻嚇所產生的局面是甚麼都不能再動的。敲詐者變爲被人敲詐。彼此阻嚇的局面限制了大國政治的活動空間。在軍事上核武早已不能應用在較小的衝突上去了。在韓國、越南、伊朗、阿富汗或尼加拉瓜，這種威嚇也起不了甚麼作用。人類已陷於僵局。超級大國除了核子的哈米吉多頓大戰外，還有別的選擇麼？不少人想到太空新的防禦系統 (Strategic Defense Initiative，SDI) 或稱星球大戰計劃 (Star Wars)。不過凡有新的防禦系統就有新的攻擊系統，所以這樣的發展是走不出死胡同的。

不同的民族今天進入了人類第一個共同的時代，因爲他們所有人都可能成爲核子毀滅的**共同目標**。在這種情況下，人類若要繼續生存，各民族就只能自己組織起來，以集體行動來爭取繼續生存。自廣島以還，人類能否**繼續生存**已經和各民族能否**團結起來**，以共同防禦這個致死的威脅分不開了。人類惟有團結才能繼續生存，而每一個人能否繼續生存亦以人類能否聯合起來爲前提。但如果人類在核子威脅的時代中要團結保命，則各國要把本身的利益看得相對化，容易引起衝突的意識形態要民主化，不同的宗教要彼此包容，同時，一切事情都要服從於生命的共同利益下。

超級大國和不同社會制度之持續競爭，使到我們還不能達到我們所需要的世界組織。然而，由地區夥伴逐步組成國際網絡，以負起和平的政治任務卻是可能的。例如在東西德國，或東歐和西歐之間。從對抗到合作，經已有具體的步驟了。

（3）核子阻嚇的軍事系統本身是曖昧的。它不僅是保障和平吧了；它同時更極度危害和平。對於保障和平，即進入政治的方案中，它只能是一種過渡。至於危害和平，這也有三方面：

（ⅰ）北半球高度的軍備結果係由第三世界的民族所承擔，以致他們愈來愈窮，負債愈來愈重。它導致發展中的國家擴充軍備，並將無數的戰爭帶到這些國家中來，正如一九八六年聯合國《裁軍與發展》的報告所證明的。在近二十年間，百分之七十五的軍火是賣給發展中的國家。這兩者間的危機在多方面都是互為因果的：北半球若不裁軍，南半球就沒有公義；相反，只有在南半球建立長期的發展，我們在北方才會達至裁軍與和平。核子戰爭可能危害人類，不過南北的衝突經已是事實，就在今天早有人因此而喪命了。

（ⅱ）核子戰爭可能是人類對環境所惹起的最大災禍。不過第一世界的高度軍備——連同其他的因素，卻使第三世界因負債而早已在今天引發生態的災禍了。因為剝削產生貧窮，貧窮導致負債，負債逼使他們出售及消耗本身維持生命的自然資源：砍伐雨林、過度放牧、驅逐農民等等。軍事競賽產生貧窮及使全球的環境生態遭受破壞。人類失去所需的資本，所需的原材料及勞動力，也失去為了自己生存所需的科學智慧。艾森豪威爾總統 (President Eisenhower) 在任期結束時說過「軍備是盜竊」(armament is theft)。他說得有道理，這也是一九八七年布倫特蘭(Brundtland)報告《我們共同的前程》所證實的，「惶恐在互相地螺旋上升」，使雙方面要互作阻嚇，結果是公衆意識的軍事化和現代的「武器文化」。然而這些事情對於人類和大自然都是致命的。我們因此必須拆除這種「惶恐武器」文化，並藉着民主化的教育建立理性的信任。

（ⅲ）還有，我們必須注視核能技術方面有關**人的問題**：在加速建立核能技術的過程中，無論是作軍事或和平用途，人們顯然疏忽了原子廢料的「善後」及原子彈的「棄置」所引起的生態問題，同時也沒有留意在處理這種技術時屬人的因素。很明顯地，我們不能把輻射性物質乾脆還給大自然，讓大自然予以毀滅。這是必須貯放在某一個地方，而且要監視過千年的。此外，核能操作不可有人爲錯誤，因爲人一旦犯錯，它就會作出完全不友善的反應。但這種危險的操作眞的能夠爲易犯錯誤、可被收買的人所駕馭嗎？文斯基(Windscale/Sellafield)、哈立斯堡(Harrisburg)和切爾諾貝爾(Chernobyl)的慘劇，以及德國原子工業種種國際賄賂的醜聞，在在表示：不。實驗的方法，即「嘗試錯誤的方法」(trial and error method)，是有某些限制的。我們不能再犯甚麼大的錯誤了，不管那是核電廠的銷毀或是核子戰爭。換言之，我們不能作更進一步的實驗了。我們只可活一次。只要發生一次大的核子意外或一次核子戰爭，就再沒有人能夠活着並從中汲取教訓了。換言之，人們要就從致死的核能技術中脫身，尋找與環境生態更加相投而對人類亦更加友善的能源；要就自取滅亡，或者是在遺傳基因上重新建構，使之與至今大家都那麼親切地稱爲「犯錯乃人之常情」的人有所不同。但即使是遺傳工程的實驗，其結束也是可見的：遺傳工程所製造的細菌一旦暴露於空氣中，就再也捉不回來了。這樣的行動只要做一次，便不能撤回了。在這裏人們可不能吃一塹，長一智。

我們所開創的發展經已不受控制。我們所作的自由決定使到自己失去自由。如果這些決定是最終的、不能撤回的，也不能重複的，那麼問題就不再是實驗了。那麼我們就不再有「或者」的餘地。那麼眞理和錯誤就不再可分。我們到達所預期的危險局面：要麼擁有一切，要麼一無所有。這樣，我們便進入末時，永遠置身於傳統上稱爲「最後審判」的面前。

3. 神學新思維：政治神學

德國戰後產生新的**政治神學**，是因爲**歐殊維茨** (Auschwitz) 集中營所引起那種令人驚駭的震動。對我們這些在戰後讀神學的德國青年人來說，「歐殊維茨」成爲我們思想和行動的轉捩點。我們痛苦地覺悟到，我們逃避不了「歐殊維茨之後」的生活，我們必須在「大屠殺」(holocaust) 的陰影下過活，因爲這是德國人對猶太人所犯的罪惡。「歐殊維茨之後」因此也成爲我們的神學的具體處境。我們犯罪所在地的名字不僅勾劃出我們這個民族在政治和道德上的危機，也顯示出我們的信仰陷入神學上的危機。對我們來說，「歐殊維茨」事件令人不解的，不僅是爲甚麼會有那些行刑者和他們的幫兇，也不僅是那種完美的集體謀殺技術，甚至不僅是爲甚麼上帝會隱藏起來。更嚴重的是：爲甚麼人們竟不說話？他們冷眼旁觀，或轉面他看，或閉上眼睛，以致受害者孤立無援、悽悽慘慘地被送上屠殺的境地。因此對我們來說，正如對猶太人一樣，「歐殊維茨」不僅成爲有關苦難意義的一個問題，更是滿身罪債、羞恥和哀痛的人是否還有力量活下去的問題。阿多諾 (Theodor W. Adorno) 當時宣稱：「歐殊維茨之後不再有詩了」。「歐殊維茨之後」我們還能談論上帝麼？「歐殊維茨之後」神學仍有可能麼？我們的回答是：「有可能的」，然而只是因爲在歐殊維茨亦有過「神學」。

只有把人們在毒氣室所作過的禱告——不管是以色列人的「示馬」(*Shema*)*還是基督徒的「主禱文」——重現眼前，我們今天仍能再次向上帝禱告。只有我們記念受害的人，我們才有勇氣面對生命，才能盼望會有另一個將來。

本着這樣的理解，我們要質詢德國的基督教及神學傳統：爲甚麼整體基督徒和教會（除少數例外）竟緘默不言呢？不錯，當時是有些個人表現出勇氣的。整體之所以如此，我們發現傳統中下述一些行爲模式和偏見：

（1）**信仰是私人的事**：信仰係有關靈魂得救和良心的內在平安，卻與政治無關。在十九世紀的資產階級世界，由於宗教成爲私人的事情，所以政治就脫離宗教而俗化，而我們的公衆生活(public life)只好交給另外的權勢。於是現代的人分開「公衆的生活」和「私人的生活」；一方面是在政治上不講道德的强權政治，另一方面是沒有權力的個人道德修養。許多厭惡希特拉、對猶太人的命運深表遺憾的人做了所謂「內心的移民」：他們嘗試在內心拯救靈魂，但在外面卻遷就政治上的要求。然而他們還是留不了個人的清白。他們同樣對自己的猶太人同胞犯了罪，因爲他們在必須說話的時候卻閉口不言。

現代神學種種超越的、存在主義的或個人主義的取向通通只能反映現代意識的這種分裂。它們不能滿足那個時候的要求，那麼在「歐殊維茨之後」就不再切題了。我們爲了反對那些神學而發展的**政治神學**，出發點是出於我們的信仰係公開的見證，要向公衆負責，所以强調要對社會及權力作出

*編按：*Shema*是希伯來文「聽啊」的意思，取自申命記六章4至9節「**聽啊**，以色列，耶和華是我們的上帝，是獨一無二的耶和華……」（另譯）。此段經文成爲猶太人的主要信念。（有關經文另參申命記十一章5至21節；民數記十五章37至41節。）

批評。基督的福音講的不是一個私自的人，乃是一種公開的宣布。基督的救恩不是私人的救恩，乃是世界的救恩。因此祂與當時不信上帝的權勢陷入勢不兩立的衝突中。基督徒的信仰是個人的確信，不是私人的事情，乃是在這個暴力世界中公開爲上帝的公義及和平所作的見證。

（2）**政教分離**。自宗教改革運動以來，基督教的「兩個國度」教義就教導人分別教會和國家、宗教和政治。從而得出結論說：教會是不能政治化的，政治也不能宗教化的。當希特拉掌權後，對於首先被逼害的共產黨員、社會主義者、民主分子及猶太人，教會並沒有感覺到要對他們的人性尊嚴和人權負上責任。**教會的反抗**乃只因爲希特拉要支配教會。除了個別的人，像潘霍華 (Dietrich Bonhoeffer) 外，基督徒和教會當時其實沒有作過任何政治上的反抗。他們說，「教會必須繼續是教會」，不管國家和社會發生了甚麼事。教會既然持這樣的態度，就在「歐殊維茨」中脫不了罪。然而今天的「教會神學」又再反映出這樣的政教分離。殊不知教會在社會中固然不能「非政治化地」(unpolitically) 存在，神學也不能純粹是教會的，與政治無關。事實上，對政治不關心的神學家是有的，但原則上沒有非政治的神學家。自己宣稱是「非政治化」的教會和神學家經常同**現存** *(status quo)* 的政權合作，因此是完完全全地參加了保守勢力的大同盟。他們所謂的政治中立就是他們爲自己的特權所付出的代價。新的**政治神學**不打算把教會「政治化」，乃是使到教會意識到自己和政治的連繫，使到教會的政治生活「基督化」。教會是有自由批評社會的機構 (Johann-Baptist Metz)。因爲每間奉基督名的教會最終都要記得淸楚，基督不是被祭司獻在祭壇兩個燈臺的中間，乃是在「城外」的各各他山上，被羅馬的佔領軍釘死在兩個猶太自由戰士的中間。

（3）**信仰的私人化和政教的分離對於社會的公衆生活和政治**

產生了災難性的影響。在德國，我們有所謂「實際政治」*(Realpolitik)*，這是赤裸裸的、**沒有良心的權力政治**，沒有任何道德上的顧忌。「我們不能用登山寶訓治理國家」，這是德國第一位首相俾斯麥(Bismarck)說的，儘管在私底下他是一個非常敬虔的人。不過，這個德國的「實際政治」卻啓動兩次世界大戰，而且雖然在短期似乎是頗爲成功，但長期來說，卻使我們的人民在身心兩方面飽受摧殘。相反地，若將政治以人權的標準爲取向，同時若將每一個國家的政治視爲是替人類所作的一項道德任務，則不僅是更加負責，也更加是聰明的做法。如果人類要逃避一次核子大災難，則道德和宗教，良心和責任必須在「歐殊維茨之後」轉回到政治當中去。

我們在德國六十年代所開始的**政治神學**經已成爲一項神學運動，遠遠超越西歐的境界。在很早的時候，我們和拉丁美洲的神學經已彼此交流，最初是和「革命神學」，然後是和「解放神學」。在同樣起初的階段，我們和美國的民權運動及「黑人神學」取得聯繫。稍後，我們同南韓的「民衆神學」及第三世界國家其他的處境神學交換意見。今天，在各處都有基督徒獻身於解放、社會公義和人權的事上，他們都在其所處的特殊政治環境中，興起相應的政治神學。

在東西德，**和平運動**的產生是由於他們在政治上的失望。這個運動在一九八一及八二年達到高峯，龐大的人羣組織起來，手牽手蜿延數百英里。它促進我們教會自西德重整軍備以來就進行對和平的討論，又導致東德教會在一九八三年「拒絕」「邏輯的精神及核子阻嚇系統的實踐」，這是一項旣嚴肅又具約束力的擧動。西德的改革宗教會在一九八二年認爲這種阻嚇系統與基督教的信仰「不相合」，公開宣稱教會已進入**惟獨認主的階段** *(status confessionis)*。西德信義會和天主教主教團的反應比較謹愼，因爲他們承認要達至政治上的安全保證，軍事阻嚇系統「仍不失爲」保障和平的一種方法。然而，年復一年地只見軍備愈來愈擴充，這種論據就顯得無力了。

在基督教會的歷史中，如何面對有權開戰的政權，曾經有過不同的看法，如**正義之戰的教義**、**和平主義者跟隨基督的倫理**等。按照傳統對**正義之戰**的解釋，一場要使用集體屠殺方法的戰爭，就如何也不能稱之爲「正義」。末世核子武器戰爭可超出這種教義之外，因爲這裏所發生的事是正義之戰這觀念未能預見的。因此正義之戰的教義今天是否還有效，不免產生論爭了。所以教會集中討論「公義達至和平」，或草擬「正義和平」的新教義是對的，正如美國的「聯合衞理公會主教會議」(United Methodist Council of Bishops)在一九八六年的文告所建議的一樣。和平主義者**跟隨基督的倫理**一直是由傳統上鼓吹和平的教會及某些個別的基督徒團體所奉行的。他們認爲這是那些與這個邪惡、暴戾世界分離的眞正信徒的標記。但自廣島以後，在我們所生活的核子末世中，這種和平的福音倫理已不僅在小圈子中，更在普世政治中實行；因爲這不僅是道德的事，更是惟一合理的事。在六十年代，我們由於意識到猶太人在「歐殊維茨」遭受大屠殺而開始的**政治神學**；自七十年代中期以後，因爲眼見核子要威脅屠殺整個人類，所以愈來愈變爲一種**和平的神學**。

4. 原子的末世與末日啓示的盼望

傳統上「末世」是指這個世界到末了所出現的一些「最後的事物」的啓示觀念，又表示上帝新世界誕生時的陣痛。一九五九年，安達斯(Günter Anders)首先提出「原子神學」，「原子啓示」，一個沒有盼望的「末世」。以下我們將他的論點同猶太人及基督教傳統有關末日啓示的盼望作一比較。

(1)「原子神學」係用神學及末日啓示的觀念來解釋原子權

力，因爲這種權力衝破了所有傳統的政治觀念。據此，凡成爲原子權力的國家就可以躍進絕對之境。它獲得無所不能的地位，儘管它所恃的只是威脅要毀滅世界，它有權決定人類的生與死。原子權力到達這樣的情況便是政治的終點了。至此政治或軍事的界線經已不再存在。安達斯認爲，只要「地獄的事」屬於神學的範疇，原子權力所行的每一步都要跳到神學的範疇。他們威脅要製造的原子地獄只能透過末日啓示的恐怖景象才能令人明白。

對於安達斯這些初步的分析我們要加上一句，就是因爲原子權力的表現神祕得旣迷人又令人畏懼(*mysterium fascinosum et tremendum*)，所以其本身顯然是帶有宗教色彩的。人們對毀滅力量的崇拜便是徹底的褻瀆。同時，全球性的核子阻嚇系統本身含有虛無主義自殺式的宗教傾向。因此，核子阻嚇系統不僅促使人們要作出軍事、政治或倫理的評估；這更是一個非常宗教性的問題，要求基督徒的信仰向主認信。

（2）安達斯認爲，一般人對「末世啓示瞎了眼」，以致阻礙了人們對這種末世的情景可以作出現實的觀察，而一般人對「末日啓示的無動於衷」也癱瘓了人們的求生意志。正如官方處處宣揚核子威脅爲無害，便是一例。不過，人們對於末世啓示也有一種可見的疲倦感覺。這種無力感的產生是因爲經過分析之後，人們知道在核子優勢面前自己是無能的。

（3）自從安達斯嘗試用末世啓示的景象來描述原子時代之後，到了一九六〇年他就開始懷疑「末世啓示」能否眞正表達核子的威脅。因爲在那一年他察覺到以下的分別：原子啓示的解釋只知道「赤裸裸的啓示」，那「沒有國度的末世啓示」。這與十九世紀的進步信念恰巧相反，因爲當時盼望的是一個「沒有末世啓示的國度」。自然那個時候基督徒之期待末日是沒有根據的，但今天的原子末世卻是有根據的。當時基督徒的期待是出於上帝對人們罪債的審判；原子的末日期待是由於人類的失職和人類的死亡。基督教的說法是：「有前程的將來早已開始了」；但原子時代的說法卻必須是：「沒有前程的將來現在開始了」。

但其中的分別還要深遠得多：任何將現時的問題用末世啓示的範疇來解釋，都是想硬將人自己的責任推到上帝的身上，所以是極之不負責任，也是不道德的。人們稱這種威脅人類的原子末世爲「哈米吉多頓」，乃是要上帝負責這種毀滅人類的犯罪行爲。我們採用末世啓示的景象，乃是要把罪行變爲我們必須順從的天命。事實上沒有甚麼要比相信天命更加的不祥，因爲這樣的信仰叫我們成爲執行這種天命的人的同謀。人們要在末世啓示的景象中尋找逃脫災禍的出路，惟有在「大災難」之前信徒要「被提」中找到。殊不知這種遁世主義正是拋棄對地球和自己的子孫所有的責任。啓示錄十六章16節說，**上帝**在「全能者的大日」將鬼魔的靈聚集在一個叫作哈米吉多頓的地方。但核子的末日是人類自己製造的，那是人類自己的末日，又與「全能者的大日」有甚麼相干呢？一句話說：完全無關！

「啓示」是上帝的宣示，在聖經的傳統來說，這表示人要在上帝面前顯露，而上帝亦要在祂的審判和國度中向人顯露。這與害怕災禍及相信天命一點沾不上邊。反之，它明確地講出世界在最後的危險中仍然可以對上帝有盼望。末日啓示作者心裏惶恐不安的，不是這個不義和暴力的舊世界會遭受毀滅，而是上帝可能從祂的創造中完全撤退，因爲祂會「後悔」創造了這個世界。不過聖經上所有關於世界末日的啓示都記得挪亞方舟的故事。這種記憶喚醒人們的盼望，知道上帝會忠於自己對於創造世界的決定。末日啓示的作者不是卡珊德拉（Cassandra，譯者：希臘神話特洛伊公主，能預卜吉凶），經常都警告會有最壞的事出現，如果眞的發生就自詡神算，如果沒事就慶幸大吉。不，他們的盼望是建築在危險之上，因爲他們看到世界下沈的地平線之外正是上帝的新世界。

5. 核子災難：上帝在哪裏？

我們對這個問題作沈思，不會有甚麼的答案，乃只會加深問題的嚴重性，使之成爲哀號和悲痛。對於我們要一如往常地繼續生活而不必要有甚麼的改變的問題，我們曾經提供不少的答案，不管那是否出於信仰；但我要將所提供的答案轉爲上帝的問題，因爲這些問題使到我們深深不安，要我們去尋找新的答案。在核子災難有可能發生的情況下，不僅我們人類需要上帝——上帝也需要我們！這便是我們要向我們自己所提出的神學問題了。

人們免不了有這種印象，就是神學還未意識這個新情況的整個意義。像美國的神學一樣，德國神學對於人類面臨核子末日的反應也只是猶猶疑疑、不大願意的，就是開始着手，至今爲止也只是在倫理和政治方面。改革宗聯盟(Reformed Alliance，1981)及德國信義會(Evangelical Church of Germany，1982)所發表的文告，德國羅馬天主教的主教和美國循道衞理公會的主教所擬定的備忘錄，以及其他宗派的聲明和公衆對核子軍備的討論，在在清楚表示人們對這個情況的認識是有限的。至今爲止，我們在神學上還未能足夠明白「核子主義」(nuclearism)在宗教方面所作出的挑戰，也不了解核子阻嚇系統在末世層面的意義。我們只在邊緣的地方，在一些倒是未經思考的言論裏，才將上帝和核子災難放在一起。鑑於核子大屠殺可能隨時發生而導致上帝遭受駁斥，人們便要重新討論「歐殊維茨之後的上帝」，但卻在另一個層次上，再次將之同整個人類及地球上的生命連結起來；因爲這一切都將會在核子的烈火中燃燒，並且在隨後而來的核子冬天裏，將會失去任何的生命力。

那麼上帝在哪裏呢？我們首先綜合一些神學答案，然後在上帝審判的法庭上予以討論。

（1）**上帝是全能的**。祂在萬有中工作，所以也在核子災難中作工。我們不知道爲甚麼，但我們必須服從祂那令我們不解的旨意。——這樣的解釋並不像人們所企盼的，可以達至對上帝的信賴，乃正好相反，它喚起了人們對上帝的仇恨。因爲人們要把自己所犯的罪行歸咎於上帝。既是這樣，人們就再分不開誰是上帝，誰是撒但了。這樣做不僅是不負責任，而且以之爲人類在上帝審判臺前脫罪的藉口，更是不可容忍的。

自然，這裏面隱藏着深一層的神學問題，是猶太人和基督徒在討論歐絑維茨時早就看出來的：我們不能用絕對的說法把上帝視爲「全能者」，並以之爲這個世界一切事情的造因。全能的是上帝本質上的愛，「凡事包容，凡事相信，凡事盼望，凡事忍耐」（林前十三7）。祂不是作爲「全能者」的上帝，乃是作爲無條件地愛的那一位。祂的「全能」因此是指祂凡事包容的那種永恆的愛，是祂無垠的忍耐，以致祂在地上的受造物，儘管有種種的悖逆，祂還是加以扶持，並藉此而保持自己的信實。由於上帝對這個世界有盼望，所以就耐心等待，爲之開啓前程。

（2）**上帝不會容許核子災難**。祂遵守和挪亞所立的約，答應保證地球上的生命，並應許不再會有新的「洪水」再來。——這種神學解釋也是把我們對上帝的信賴取代人類自己必須負責之處，因爲人類經已獲得這種毀滅世界的能力，並且再也不能擺脫。我們若以爲人類的自由一旦危及生命，變爲致命的時候，上帝就會加以限制，那是幼稚的，也是不負責任的想法。這種宗教幻想之爲幻想是明顯不過的。血腥的教訓使人們對這樣的信賴大表失望，以致他們懷疑上帝：凡爾登 (Verdun) 和斯太林格勒 (Stalingrad)，歐絑維茨和廣島——上帝怎可「容許」這些事呢？同時，這種神學答案助長了人類的不負責行爲——「上帝不是容許的麼？」——而且在上帝的審判臺前用這樣的藉口來開脫自己也是不能忍受的。上帝若「容許」自己成爲人類這些殘酷罪行的同謀，就很難稱得上是「上帝」了。

（3）**上帝要拯救信徒脫離即將來臨的核子災難**。因爲在第一次較短的「災難」之後和第二次較長的「災難」來臨之前不久，眞正的信徒會「被提」到雲裏，與再來的基督相遇（帖前四13～18）。到時不信的人就會在核子災難中滅亡。於是再來的基督同信徒一起在地上建立千禧年的國度。——這種啓示式狂想的遁世主義不僅助長在損害人類的核子罪行中的不負責行爲，更間接爲這種罪行作辯。深信自己「被提」的基督徒要讓世界下沈到地獄裏去。他們不再懂得基督的愛了。當世界的審判者追問他們發了甚麼慈悲時，他們將無言以對。他們的命運在馬太福音二十五章中已有非常淸楚的描述。

（4）**人類及地上所有生命遭受的核子災難，對於上帝自己來說，也是一種災難性的經驗**。若祂的受造物毀滅了，創造主又會是甚麼？若人類——上帝的形象——受到滅絕，上帝又是誰呢？一位沒有地上受造物的上帝？一位在自己的受造物中沒有自己的形象的上帝？在所有基督教的信經中都說：在基督裏上帝成爲人。若再沒有了人，上帝成爲人又有甚麼意義呢？爲了所有的人同上帝和好，基督死了。如今不再有人，基督的死豈不是徒然？——歐殊維茨的討論有一個答案指示我們要仰望**上帝所受的痛苦**。在祂的舍吉拿（*Shekinah*，譯者：意爲上帝的榮耀）中，祂與自己的選民同住，讓自己的名字得以藉着自己的百姓稱爲聖潔；祂親自參與自己百姓的苦難，親自經歷了自己的榮耀遭受屈辱。上帝親自**活在**歐殊維茨。祂和那些在煤氣室裏窒息的人一同受苦。他們的苦難是祂的苦難，他們的眼淚是祂的眼淚。上帝是自己的百姓的苦難同伴。既然這樣，就是在今天，核子大屠殺隨時來到的時候，祂也會是同我們一起受苦的伴侶。祂和我們「同住」，祂的靈運行在世界之內，所以祂自己會在核子災難中受苦；如果人類啞然無聲，還有上帝的靈「說不出來的歎息」。如果眞的是那樣，這就不僅是上帝世界的災難，也是上帝自己的災難經驗了。核子災難一旦到來，上帝要爲失去的受造物，滅了的人類而哀哭，在心裏有無窮盡的痛苦中哀哭。然而，只要祂把人類這種說不出來的災難放在自己的身上而自己也在其中受苦，也一定會顯露出祂在維護自己的造物上是信實的。祂不會阻止事情發生，不過透過自己所受的苦，祂要把這個毀滅了的世界創造爲一個新的世界。——這種相信上帝和我們一同受苦的信仰，將我們同上帝的聯合帶給那些爲上帝所遺棄的人，並在他們絕望的痛苦中給予他們安慰。所以甚麼地方有人經歷到這種上帝同我們在痛苦中的聯合，那裏就能保存或重新誕生這樣的盼望，即上帝最終要勝過人類所犯的罪行，「擦去他們一切的眼淚」（啓二十一4）。這是我個人對上帝的體會，也是我有盼望的根據。在英國溫士東 (W. H. Vanstone) 所寫的一首聖詩中，所述文字使我深受感動：

祢是上帝，不是君王，
坐在安樂國的寶座上發號施令。
祢是上帝，祢愛的膀臂
作痛、力竭，支撐着世界。

（5）最後，**由於上帝藉着愛完全生活在祂和自己的受造物及人類的關係裏，所以核子的災難也是上帝自己的災難**。人類的毀滅因此也是道成肉身的上帝的毀滅；地球上一切生命的毀滅也是永生上帝自己的毀滅。紓楠 (Dorothee Sölle) 對這種關係的强調最爲有力：「以前歷史的任何世代沒有能像我們今天這樣否定上帝的創造。以前的世代都沒有這種能力，不僅一次又一次地將基督釘死在十字架上，更廢除上帝自己，那位創造主，那個活於一切關係中的生命。我們若用基督教有關『永生上帝』那些膚淺的說法來安慰自己，那不過是自欺吧了，因爲在核子大屠殺這場最後解決幕落之後，天上就再沒有父母，也沒有創造主了。」對核子災難的憂慮於是又成爲對上帝的憂慮。這樣，這種憂慮在神學上就加上無窮的深度，不是普通所說上帝是永恆的、無懈可擊的、超然物外的這些單純的信念所能排除或解脫的。

不過我們也要看到另外一面：這豈不是說,上帝也要交在對人類犯罪的罪犯手裏？若是這樣，誰還能將罪犯繩之於法，使受害者獲得公義呢？在「歐殊維茨之後的上帝」討論中，魯賓斯坦 (Richard Rubenstein) 說，在歐殊維茨「上帝死了」。但法肯海姆 (Emil Fackenheim) 駁斥他說：「如果希特拉將上帝連同猶太人在一起也謀殺了，則誰將希特拉繩之於法呢？如果猶太人在歐殊維茨之後放棄相信上帝，也不再作爲以色列而存在，那麼，他們就當將勝利授予死後的希特拉。」

歐殊維茨的罪行和恐怖誠然使到舊的**無神主義抗議** *(Protest-Atheismus)* 再度復甦。霍赫浩特 (Rolf Hochhuth) 在當代話劇《代理人》 *(Der Stellvertreter)* 中這樣寫着說：「經過歐殊維茨之後，眞理、創造主、創造和受造物都受到駁斥。」不過這些惡行也產生一種新的**有神主義抗議**：「神學是……在表達一種渴望，叫殺人犯不能勝過無辜的受害者。」這是霍爾克海默 (Max Horkheimer)，「法蘭克福學派」批判哲學其中一位鼻祖所作的解釋。追求公義的渴望，和相信有一位上帝最終要保證這種公義的信仰，對於反對核子集體毀滅工具的製造和威嚇，要比舊的無神主義抗議有更强力的抗議潛能。然而兩者是相輔相成的：無神主義抗議使到虛假的宗教安慰和不負責任的宗教遁詞成爲不可能。有神主義抗議則將對人類可能犯的罪行，以及所有因自己的消極態度和無動於衷而讓這些罪行發生的人，通通擺在上帝的審判臺前。上帝是兇手的法官，也是受害人的復仇者。核子災難不會毀滅最後審判這種啓示的視野，倒是把人類直接帶領到裏面去。

6. 對抗危險的盼望

人們一旦感受到威脅就往往作出自殺式的反應。他們嚇得僵直，像小兔忽遇大蛇一樣；他們用暴力擊打犯罪者；他們吞噬自己。這些反應今天到處可見。**聽天由命**的心態增加了：「我們反正不能做甚麼。」**仇恨**的心增強了：人們在敵對的「邪惡國度」找尋代罪羔羊。**憤世疾俗**的看法加深了：「我們之後就有洪水。」有人在宗教方面不斷嘗試把責任推到上帝身上，使祂對人類的罪行負責。在這樣的反應中，人類失去生存的勇氣，並且既然沒有生的勇氣，他們也放棄了抗議。在威嚇的面前，哪裏還有肯定生命的力量呢？哪裏還有今天就當做所必須要做的事的激情，免得事後太遲呢？

基督教的盼望並不以世界歷史會有「大團圓」爲依歸。虛假的安慰和一般的絕望一樣，同樣是危險的。然而猶太教和基督教的盼望卻知道一個「危險的釋經學」。據班傑明(Walter Benjamin)所說：「這是抓住一個記憶，使之在危險的當兒閃出亮光。」在陷入致死的危險中，聖經有關上帝的故事就對我們說話，喚醒我們的盼望，不然我們就毫無盼望了。我們記得起從前在困難中獲救的事，這些事並不否認危險的存在，不過有了這些記憶，我們就知道上帝將自己百姓的絕境當作自己的絕境，並將他們帶領出險。我們記得起在上帝裏面有過這些經驗，於是能夠學習「看到視野之外」，這正是印尼話「盼望」的意思。基督徒的記憶使基督的受苦和死亡、怎樣爲上帝所棄，活現於眼前；又由於祂從死裏復活，在衆人面前顯現，使我們對生命將要勝過死亡的權勢有了盼望。基督在上帝裏有這些經驗，使我們的視線可以穿過嚇人的核子災難的領域，看到公義和生命的國度。在世界要下沈的威脅下，凡覺察到上帝這個範疇的，就早已在今天開始按着這種視野生活和行動了。

由此得出的結論是：第一，我們自己要接受人類處於原子末世的情況；第二，我們對於後世在這種情況中的生命要承受責任。我們既然在徹底危險的情況下肯定生命，跟着來的便是無條件地抗議毀滅，也抗議毀滅的威嚇。在這個世代發生核子戰爭是可能的，因此是令人害怕的。這就叫我們負起責任要「否定核子阻嚇系統的精神、邏輯和實踐」，正如東德的更正教會所草擬的一樣；同時，我們要根據公義的原則，謀求世界有一個生活於和平的共同體。惟有限制暴力和暴力的威嚇，我們才能面向這樣的未來。

對抗危險的盼望導致**弔詭的行動**，即反對外表及成功在望的行動；因爲我們瞻看世界的前程時，若憑藉對上帝的盼望反而要比雙眼所能見的還多。歐殊維茨沒有帶來甚麼神學意義，乃只要我們去抗議罪行，這些罪行在神學上是根據上帝的審判而來的。核子毀滅世界也沒有甚麼末日啓示的意義，乃只有末日對上帝的盼望，以對抗一切預備及使那種毀滅成爲可能的力量。

7. 創造和平的是公義，不是安全

聖經的傳統和基督徒的信仰經驗清楚說明，惟有公義創造永久的和平（希伯來語 *shalom*）。因此，除了透過正義的行動和關心普世的公義之外，別無達至和平的途徑。所有基督教的備忘錄都採取這個觀點，這是對的。可是甚麼是「公義」呢？

如果猶太人和基督徒要把公義帶來給世界，他們就會從自己對上帝的公義的體會着手。從他們的體驗中，他們知道上帝的公義是一種富有創造性、使人得直、建立公平的公義。上帝是公正的，因爲祂給受到不公平對待的人公平，又使不正的人歸正。同時，祂的公義是拯救人的公義。所以我們可以用詩篇三十一篇2節禱告說：「求祢用祢的公義搭救我。」（另譯）詩篇一四六篇7節承認上帝「爲受屈的伸冤」。上帝正是藉着這種公義，才創造了那種持久的和平：*shalom*。

由此得知，凡不義和暴行統治的地方，儘管藉武力取得「法治和秩序」的局面，可是卻沒有和平。因爲不是和平帶來公義，乃是公義帶來和平。不公義經常導致不平等，因此破壞平衡。不公義的體制只能靠暴力維持操作。一旦暴力掌權，就沒有和平，因爲暴力掌權的地方，統治的不是生命而是死亡。

以下我們要看一看猶太基督教的公義觀，和我們法制中的公義觀之間的關係：

（1）歐洲法學一個較早期的概念把公義界定爲分配的義 *(justitia distributiva)*，意即每一個人得到自己的一份 *(suum cuique)*。這種十分聰明的說法，把每一個人在法律面前享有平等地位和各人之間存在着實質上的不同，也考慮在內。這是各盡所能，各取所需（馬克思），或如胡特爾 (Hutterite) 弟兄會所說：「每一個人能給甚麼就給甚麼，需要甚麼就取甚麼。」然而，這種公義觀主要係**與事物有關**，側重於成就和財物：所有人都享有生命、食物、工作和自由的權利。

（2）**與個人有關**的公義觀是人類社會得以建立所需，顯然超出上述與事物有關的觀念。它在於人與人之間互相承認和接納。互相承認對方具有人的尊嚴並彼此接納有利於創造合乎人道而正直的羣體。這與基督徒的體會亦相吻合：「你們要彼此接納，如同基督接納你們一樣，使榮耀歸予上帝。」（羅十五7）現代民主社會的聯邦觀念如**盟約**和**憲法**，即以這樣與個人有關的公義觀爲根據。

（3）但最高形式的公義是**慈悲法**，藉此使得不到法律保護的人享受法律的保護。這是「孤兒寡婦的上帝」的公義。正如拉丁美洲的解放神學家所說，在這個充滿着人類的不義和暴力的世界，上帝的公義所採用的結構係「對窮人的一種優先選擇」(preferential option for the poor)。這不是說，「恩典先於公義」，乃是說，被剝奪權利的人得回權利，行不義的人要轉回公義。上帝這種公義不是在人類的法制之外，乃正好是每一種法制得以建立公義的根據，惟有這樣才能爲人類帶來永久的和平。同承認別人的尊嚴一樣，爲貧窮、輭弱和患病的人爭取公義，保護他們的權利，也是人類任何持久法制的根本。

8. 爭取恆久和平的途徑

聖經的傳統同猶太人和基督徒的信仰經驗所說的，是**包羅各方面的和平**，因爲他們所談論的，是上帝的和平。和平(*shalom*)是指上帝所創造的整個生命在各方面都得以成爲聖潔。這是蒙福的生命，與賜生命的上帝，與別的人，與所有其他受造物都有共融：同上帝和好，在人與人間有平安，和大自然和諧相處。爲了上帝的緣故，我們不能將和平局限於宗教或個人方面。和平的傾向是普世性，是恆久的。自然，猶太人和基督徒在歷史中所經歷的，也只是上帝那種和平的開端和預期吧了，總有一天祂要把所有受造之物帶到永生的境界。猶太教和基督教因此是不停的運動，要爲所有民族和所有生物爭取具體的和平盼望。

既然這樣，**和平在歷史上**不是一種處境，乃是一個過程；不是自己的擁有物，乃是共同的道路。和平不是因爲沒有暴力，乃是因爲公義的出現。

在探討和平的問題上，一般將和平分爲消極的和平及積極的和平。**消極的界說**指沒有戰爭，因此是指不使用武力，沒有焦慮，沒有壓逼等。比方有人說，核子阻嚇系統在最近四十年「維護了和平」，就是這種消極和平的意思。不過，這種理解除了並不是對所有民族適用之外，也將和平同休戰混淆起來，同時它對於核子阻嚇系統所花的費用是緘默不言的。人們對於消極的界說可以輕易達到共識，只是這樣的界說是不足夠的。

積極的界說指社會達至公義，能夠用民主方式解決衝突，及所有人在長期發展中達至均衡，才能稱爲和平。因此不少人認爲這樣的事分屬烏托邦。不過，如果沒有了這些積極的因素，恐怕連消極的和平觀念也不能運作。

基督教的和平觀將這兩種界說結合起來，但藉着對公義的强調而給積極的界說優先的地位。由此可見和平在歷史上是一條共同的道路，有前進也有退步。路上有裁軍，減少暴力，也有互相信任，建立羣體。

在歷史上，若只是爲了目前的一代，是絕對沒有恆久和平的，這乃要在一代和一代之間一同負起公義的責任。人類受造是要一代接一代延續下去。因此每一代都受了前一代的恩，同時也要爲未來世代的生命負上責任。惟有在人類這種不成文的代間契約中保持公義，才能促進恆久和平。因此，和平在歷史上從來不是一種令人可以安靜下來的處境，乃永遠是催促我們一定要往前走的道路。惟有這樣我們才可以爲人類創造時間，使到未來的世代可以過活。

鑑於現代社會的種種衝突，今天人們又公開討論耶穌的山上寶訓了，其中特別是如何免除暴力及克服敵意的問題。

這種討論預先假定了導致人類死亡的原罪，不是像創世記三章所說的，是因爲在樂園裏吃了禁果，乃是因爲犯了暴行，正如該隱和亞伯的故事所顯示的一樣。原罪教義進入西方的神學傳統乃始於奧古斯丁。雖然猶太人也用同樣的經文，但他們不知道有原罪。東正教的神學家並沒有遺傳的過犯，只有遺傳的軟弱。

按照祭司版本的創世故事，罪是由於暴行在地上擴散而開始的：「地上滿了他們的強暴。」（創六13）那些「英武有名」的人便是強暴者。他們是統治世界的暴君，讓人們把他們當作「上帝的兒子」敬拜。不過暴力統治係反對上帝，也與上帝愛祂的受造物的旨意相背的。暴力統治所服務的對象不是生命，乃是混亂和死亡。因此上帝讓洪水來淹沒世界。只有挪亞「在當時的世代是個完全人」（創六9），所以就獲得拯救，並成爲一代新人的祖先。

耶穌的山上寶訓使人想起這一段故事。彌賽亞表達了上帝的智慧，爲我們帶來和平，克服暴行。廢除的不僅是邪惡，更是以惡報惡那種冤冤相報的規則；不僅是暴行，更是制止劇烈反抗的措施。彌賽亞工作的標誌是非暴力的行動，是以善報惡。惟一活在有創造性的愛中的公義才能爲世界帶來恆久的和平。

9. 爲敵人負起責任

按照山上寶訓，對「仇敵的愛」是對鄰舍的愛中完美又與上帝相合的形態，因此也符合公義。這是通達地上恆久和平的道路。凡陷於紛爭和衝突的，總是受制於「以眼還眼，以牙還牙」的報復規律。所以誰讓自己對仇敵採取報復的規律，誰就落入惡性循環中，永無出路：他必須成爲自己敵人的敵人，被這樣的仇恨牢牢綁住。如果我們以惡報惡，那麼這一惡就永遠要針對那一惡，不然就沒法取得公道。在從前的日子，人們只剩下一隻眼睛，幾顆打落的牙還能生存。但在核子時代裏，相應的軍備競賽及「沉重報復」的威嚇，卻要把世界帶入全面的死亡中。我們若要得到釋放，保存生命，就只能中斷對仇敵採取那樣的心態，不再以威嚇報復作爲阻嚇措施。我們對仇敵的態度，即基督用以取代阻嚇的，是「愛你的仇敵」（太五 43～48）。在核子時代裏，這表示甚麼呢？

對仇敵的愛不是回報，乃是具創造力的愛。誰願意以善報惡，就不再只是回應，乃在創造一些新事物。愛仇敵的前提係對仇敵表現出極大的自主獨立性。我們對仇敵愈是能夠擺脫惶恐的心理，就愈能夠愛仇敵。可是愛仇敵絕對不是屈從仇敵，也不是要讓他的敵意得逞，因爲若是那樣，就誰也不能去愛仇敵了。相反地，這種愛是藉着創造性的、明智的方法來克服敵意。在這種愛中，我們不再問：我們怎樣才可以保護自己，免受敵人和他可能發動的攻擊呢？我們要問的乃是：我們怎樣才可以消除敵人的敵意呢？藉着愛仇敵，我們把敵人納入我們應當負起責任的範圍內。我們開始學習用別人的眼睛來看自己，認識自己。因此，愛仇敵恰恰不是一種抽象的善意，像韋伯(Max Weber)所說的「思想倫理」，而是要負起具體的、實際的責任，即「責任倫理」。在私人的生活中，愛仇敵誠然是困難的。但在核子時代中，這在政治上是惟一明智的事，因爲在今天我們要確保自己的平安，並不能把所有潛在的敵人消除，或恫嚇予以消滅——若是這樣，那還會有甚麼止境呢？不，我們惟一可行的，是消除敵意，爲共同的安全和長期發展負起責任。在人類首次出現的這個共同時代中，政治要求我們爲別人設想，並要設身處地對之表露極大的同情。在歐洲來說，首先的問題不是西歐如何可以防止「蘇聯的威脅」，而是東西歐如何方可達成一個和平的秩序。我們必須將公衆意識和政治思想「非軍事化」，並將與對手周旋所採用的民主方式，轉移到在國際上與「敵人」交往的層次上去。爲了維護德國的權力政治，俾斯麥(Bismarck)曾經說過：「我們不能用山上寶訓來治理國家。」但我的主張是：在核子時代裏要反對山上寶訓，我們就沒有可以令我們繼續生存的政治。我們的確可以用山上寶訓「搞政治」，不過那只是和平的政治。

10. 用非暴力克服暴力

接着愛仇敵的政治我們要談用非暴力(non-violence)來克服暴力(violence)的統治。「非暴力」不表示非政治化與捨棄權力(power)。「權力」和「暴力」是有所分別的。「權力」(power)是指正當使用武力；「暴力」(violence)則是不正當使用武力。在這個意義上，現代國家在社會上擁有「武力專利」，所以一旦遇到武力用得不合法、不合理或違反人權，我們便說那是「赤裸裸的暴力」，「野蠻行動」或「虐政」。基督教並未能廢止我們社會中的「暴力文化」。然而基督教卻叫使用暴力的人，特別是國家，在每次使用時要**負起說明其爲合理的責任**。它打破了尼采(Nietzsche)所崇拜的「野獸是無辜」的觀念。法律又規定國家暴力專利的界限，而且不僅在內政方面對待自己的國民是如此，就是在外交方面，也要這樣對待別的國家和別的國民：要用核子大屠殺來威脅人類是怎樣說也不合理的野蠻暴行。無論是使用核武器或其他集體毀滅工具，或以之用來威嚇，都超出每一個國家的權利之外。

克服暴力的第一種方式，是用法律規範權力的使用，因此便有**反抗**任何不正當使用權力的**責任**，因爲那是不合法、不合理、違反人權的。「非暴力」的原則不排除權力鬬爭，只要其目的是將權力納入正義的規範下。在明顯是暴力政權的統治下，誰要參加反抗的行動，乃只是盡一己公民的責任，因爲他（或她）是在求恢復法律的尊嚴，或維護受壓逼者的權利。

在暴力政權底下生活的人，他們的力量不是恐怖主義，乃是**團結一致** (solidarity)。恐怖行動使自己不能達到謀求解放所定的目標，反而證明暴力政權的存在是合理的。但人民及各國大規模的團結卻揭開暴力政權任何依法行事的假象，使到它的種種威嚇不再嚇人。近年就有一連串例子說明人民可以用不流血的方法克勝了軍事獨裁，如葡萄牙、西班牙、希臘、阿根廷和菲律賓。暴力政權若在內為人民所拒，在外又受到其他國家的孤立，是會難以立足的，所以並不值得我們惶恐不安，更不值得信任。

我們可以用非暴力克服暴力。但這也要求**殺身成仁**。我們想到甘地和馬丁路德・金。我們特別想到基督自己。我們一旦想到他們，我們就發現不僅積極主動的行動有力量解放人，達至「成功」，就是受苦也有解放人的能力，而且長遠看來，其效力更令人折服。

11. 核子時代生命的無上命令

核子時代是所有的人民和所有國家首次的共同時代。由於核子的威脅，所有的人一同成為死亡的候選人。由於全球性的生態危機迅速擴大，各國的情況儘管有所不同，但卻同樣地要共同面對同一的任務。排他主義的特殊思想 (particularist thought)，若是其目的在針對別人和別的國家，忽視普世羣體所受到的威脅和所承擔的任務，則不僅在道義上是可恥的，更是不理智的、致命的。人類能否在地上繼續生存，取決於我們是否很快地、徹底地認識到生活在這個易受傷害的行星上的人都是鄰居；所以我們不獨要彼此照顧，也要為子孫考慮。所有較近期的《世界情況報告》*(State of the World Reports)* 都指出地球上這個共同世界正處於極大的危險中，人類的處境並不太好。我們需要一個令人信服的**共同生活倫理**。甚至列寧也說過：「我們盼望日後情況出現，俾無產階級的階級利益必須讓位給整個人類的利益。」這句話也適用於「西方世界」。

目前的危機係出於競賽和權力鬪爭：每個人都嘗試犧牲別人來贏取勝利。人們的出發點是：在爭取生存而戰中，「適者」生存。這個原則使今天爭戰的兩方——弱者和强者——一齊走向死亡，並且正在毀滅地球的前程。可是生命的原則卻是：對別人利益的尊重是能否覺察到所有人的利益的前提；同時，只有互相的安全得到保證才能保證所有人的安全。國家自我主義，階級專政，犧牲別人以豐富自己等之所以要遭受唾棄，是因爲這些作法是致命的。人類和地球不能再容許人與人之間的權力鬪爭和競賽了。在一切重大的政治和經濟決定之前，首先必須要問：這樣做是否有利人類的**共同的生活**呢？

人類的倫理已經成爲**人類的任務**。以往爲國家、經濟、文化等等特殊利益所支配的倫理，必須從這些利益中釋放出來。生命的倫理價值、人類的共同生活和地球的生存，對於任何純粹是特殊利益來說，經已成爲絕對的價值。

將政治、經濟、法律和科學從倫理中分開來是站不住腳的。這樣的劃分在今天已不能再被容忍了。從目前的危機中我們得到的可悲經驗是，證明經濟、政治和科學若是缺少了倫理的取向，是會趨於毀滅的。

爲地球上人類的生命共同草擬無上命令(categorical imperative)是必須的，若不如此，人類今天的重大問題就得不到負責任的解決。人們要擺脫自己的特殊利益，反想一下「永恆眞理」，正是時候了，因爲這些眞理正是共通人性的根本，所以一切「自己的事」都要服膺其下。核子時代經已成爲第一個屬於所有人類的時代。若要免它成爲人類最後的一個時代，我們必須將一切問題從整個人類的角度來考慮。人類能否繼續生存繫於下述的無上命令：

你要這樣行，
以致出於你的意思、指導你的行動的格言
要成爲所有人的普遍法則，
而所有人的普遍法則
要成爲你的行動的格言。

12.　基督徒有和平的能耐麽？

基督徒、羣體和教會如何組織起來，藉着公義來完成他們爭取和平的使命呢？

教會有不同的社會形態。從上到下有：（a）**普世教會**；（b）**區域教會**；（c）**地方羣體**；（d）**志願小組和運動**。和平的工作因此必須在這些不同的層面有不同的方式。我自己認爲在這裏是值得區別一下的，免致對某一種形態有過分的要求。

現在先從底層的志願小組開始。

（1）獻身給和平的工作總是要求個人承擔非暴力的行動，並且作隨時的犧牲。因此，和平工作小組及「第三世界」社會公義小組在各地紛紛成立。在這些小組中，參加者志願組合，認定某一項工作爲他們共同的任務，於是承擔具體的執行。他們在示威及社會行動中，發揮他們的自動自覺性。在自覺參與公衆活動的同時，也產生了一種新的靈性。潘霍華(Dietrich Bonhoeffer)稱這種新的生活方式爲「反抗與投降」（譯者：《獄中書簡》的德文書名）；泰澤團體(Taizé)說是「默觀與鬬爭」；拉丁美洲的基層教會則稱之爲「神修與解放」。

這些和平小組藉着地區性及國際性的「網絡」結連起來，建立一個「從下而上的教會合一運動」。但是他們都是由志同道合的人所組成的小組、運動和網絡。所以天主教的和平運動「基督的和平」*(Pax Christi)*就與西德天主教會的聖統相左。所以拉丁美洲的基層教會並非爲所有的主教所欣賞。所以西德信義會的信徒和平運動遭受極大的猜疑。原因不僅在於機構的代表憂慮這些小組和運動那種不受控制的自發性，也在於地方教會的會友不獨有想法相同的，也有想法相異的人。於是西德的「天主教精兵聯盟」與「基督的和平」論戰，而信義會的隨軍牧師亦對抗信徒的和平運動。既然如此，我們能期望地方教會做些甚麼呢？我們能要求它們一些甚麼呢？

（2）地方羣體的產生是由於福音的宣揚，施行聖餐和洗禮。一般是在主日上午聚會崇拜。參加崇拜的人對於和平及公義有不同的看法。他們來教會，不是爲了與志同道合的人討論政治的問題。所以地方教會很難成爲一個和平工作小組。依我看來，它的和平見證是在另一個層面：地方教會羣體一向主要是宗教羣體和崇拜羣體。不過，如果它聽到基督整全的福音，它是會改變爲生活共融的羣體。基督徒在地方羣體中愈是生活在一起，就愈能察覺到他們是生活在社會、經濟和政治的矛盾中，於是查詢在這些矛盾中有否公義，如何達致和平的問題。同時，他們愈認識到上帝的救恩係包括整個創造的得救，則他們愈願意在自己所生活的社會中，承擔治療社會和政治疾病的任務。此外，除了主日崇拜外，教友全體大會是重要的，因爲各個工作小組可以向大會匯報情況，討論他們在當地的使命。大會也是和平小組分享他們的經驗的場合，給地方羣體可以開始學習和平的功課。

（3）區域教會既不是地方羣體也不是和平運動。它的範圍是領土所在的區域。它必須掌握區裏所發生的矛盾，並嘗試在地區的和平會議上用「相互責任」來取代「互相保證毀滅」。在分裂的歐洲我們有「歐洲教會會議」。這個會議在政治上的另一方是KSZE會議，即「歐洲安全會議」，在於「建立信任措施」及東西歐國家雙邊安全的夥伴關係。

最後，普世教會一向只存在於宗派的層面：羅馬、日內瓦及不同宗派的世界聯會。但如果那個所有基督徒的「和平大會」能夠召開，它的存在就會爲人所見了。如果有這樣一個大會，所有基督徒就能聯手在一起，用絕不含糊的說話和負責任的認眞態度，向人類這個受死亡威脅的宇宙見證上帝的公義、各國的和平及創造物的生命。

（4）不管教會的組織是甚麼樣子，這句座右銘仍是適用的：「考慮要着眼於全球——行動要着眼於本地」。如果要做到這一點，教會的信息流通必須改善。據我們目前所知，所有牧者書信、教宗通諭、和平備忘錄等等，大多數都是單行線由上層傳到下層。這些東西很少能夠到達下層，就是到了也很難引起重視。相反地，基層的經驗報告甚少爲「上層」閱讀和考慮。因此，我認爲教會領導層的任務似乎是要接納基層的經驗和所提的問題，並加以推廣。教會只有在區域教會、地方羣體、和平小組等各個層面展開工作，一同學習公義及和平的功課，才能異口同聲地說話，然後才會有人聽。

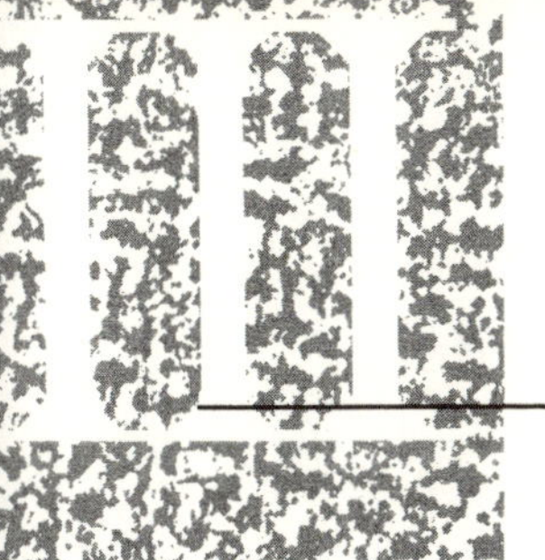

環境生態情況：

神學與創造倫理

1. 現代文明的環境生態危機

根據西德薩爾布魯根(Saarbrücken)一項最近的調查，在樹木生病及枯死的地區，肺癌病發率正在增加。樹木在那裏生病及枯死，是因爲工業、交通和住宅所排的廢氣毒害了空氣，以致酸雨降落林區，毀滅植物和動物。這是人類社會摧毀大自然引致樹木死亡，反過來摧毀人類自己的死亡惡性大循環。人類創造現代工業社會導致大自然的枯竭。他們不顧一切地開採地下資源，破壞了生命的自然根基。不錯，以前也有自然災害，不過在那個時候，一俟自然災害過去，大自然又能夠恢復生機，使生物再度繁殖。可是在今天，動物整個種類消失，而植物也逐漸死去，卻沒有人有本事予以再造了。難道我們的孩子有一天必須要過沒有蝴蝶的春天、沒有鳥鳴的夏天、沒有蘋果的秋天？

人們叫這種悄悄擴散的危機爲「環境污染」或「生態危機」，不過卻以爲受影響的只是外面的環境，如黑森林、萊茵河或魯爾河(Ruhr)的空氣等。殊不知這樣的輕描淡寫是要受到懲罰的。因爲事實上這是我們整個「科技文明」的危機。

這種工業社會的規劃經已走入窮巷。如果我們的社會在基本的取向上不作徹底的改變，如果我們對自然和我們自己不能開創另外的生活習慣，那麼這個危機就會以廣泛的災難作結束，即地球及其居住者的「生態死亡」。所以我們要首先弄清楚，究竟在我們文化中這個危機的原因是甚麼，然後才去探求出路。

人類社會和自然環境的生活關係取決於人所掌握的**技能**。藉着這些技能，人們從自然中得到食物，然後又將餘渣倒回自然之中。這種「同自然作物質交換」本來是十分自然的，就像呼吸空氣一樣，不過自工業化肇始卻愈來愈只受人類（不再也爲自然）所決定和駕馭了。在我們這個「扔掉」的社會中，人們以爲扔掉了的東西就「完了」。然而，「有」不能變「無」，所以人們扔掉的還不能「完了」。它留在自然的某個地方。留在哪裏？誰管！

自然科學係要投資到人的技能上去。科技便是自然科學的應用；所有自然科學的知識有一天都要用在科技上，正所謂「知識便是力量」（培根）。自然科學因此是「支配的知識」。

科技和自然科學的發展，經常是由於人類一些**特殊的利益**，因此不是沒有價值取向的。這些利益係它們的前提。利益指導它們，使它們爲之服務。可是這些利益本身卻爲一個社會的**基本價值**和**信念**所支配。換言之，那不過是這個社會上的人認爲是**理所當然**的事，因爲這些事在他們的制度中是不證自明的，是似乎合理的。

既然這樣，這種連結人類社會及其周遭的生活制度一旦遇上自然的死亡就會陷入危機，同時在理論上也必然使這個制度，包括裏面的人生觀、生活方式，甚至是其中的基本價值和信念，通通陷入危機之中。森林的死亡同神經病的蔓延相當；海水河水的污染與大城市許多居民對生命那種虛無的感覺相匹配。我們所經歷的危機因此不僅是「生態危機」，它也不僅僅是科技所能解決的。在這方面，信念及基本價值觀的改變和人生觀及生活方式的改變同樣是必須的。

那麼，支配我們這個科技文明的是甚麼樣的利益？是甚麼樣的價值觀？一言以蔽之，那是無止境的**統治欲**，要驅使現代人一而再地**奪取控制自然的權力**。在所謂**掙扎求存**中，科學的知識和科技的發明被政治欲望用在權力方面，是爲了鞏固一己的權力和權力的擴張。在我們當中，增長和進步總是指力量的增加，如經濟、財政和軍事力量等。至今爲止，量的增長顯然未能過渡到質的增長。

如果我們比較一下我們的文明和前現代的文化(pre-modern culture)，就立刻可以看見兩者的分別：那是**增長**(growth)和**均衡**(equilibrium)之間的分別。前現代的那些文化絕對不是原始或「未開發」，乃是頗爲複雜的均衡系統，人與人之間、人和自然之間，以及人與上帝之間的關係都得到調節。只有現代的西方文明才片面地以發展、增長、擴張及征服作爲方案。於是爭取和保障權力，加上美式的「追求快樂」，成爲我們今天社會流行的、統率一切的基本價值。爲甚麼會是這樣的呢？

其中最深的根源可能是在**現代人類的宗教**裏。有人指出，今天人類要向自然奪權，對權力表現出無休止的欲望，猶太基督教應負責任。儘管今天一般人在信仰上並不見得特別敬虔，但他們卻做了上帝所命定他們所做的一切：「要生養衆多，遍滿地面，去征服這地。」（創一28）他們可以說是經已超額完成任務了。上帝這個誡命和對人類有這樣的看法已有三千多年的歷史，但現代的征服和擴張文化卻是四百年前才在歐洲興起的。所以根源必定是在別的地方。依我看來，這在於**現代人的上帝觀**。

自文藝復興以來，西歐人愈來愈片面地把上帝看爲是

「全能者」。**無所不能**被視爲上帝特別好的神性。上帝是主，世界是祂所有；上帝願意怎樣處理世界都可以。祂是**絕對的主體**，世界是祂統治的被動體。在西方傳統中，上帝愈來愈向超越 (transcendence) 方面靠攏，而世界則純粹是內蘊的 (immanent) 和現世的 (this-worldly)。人們提及上帝可以不想到世界，以致理解世界亦可以不想到上帝。世界於是失去了它爲上帝所造的奧祕，是可以用科學方法「解除魔法的」(disenchanted)。韋伯對於這個過程的觀察可說是一點不差。近代西方基督教嚴格的**一神觀**是世界和自然趨於**世俗化**的一個主要因素。一九五六年基倫 (Arnold Gehlen) 在其著作《原始人及後期文化》*(Urmensch und Spätkultur)* 中早已明察秋毫：「文化及精神歷史走了漫長道路到了盡頭，『神祕同盟』*(entente secrète)* 的世界觀——生命力量既一致亦相爭那樣的形而上學——經已遭受破壞。事情的發生一方面是由於一神觀，另一方面是科技機制的興起；而科技的機制之所以得逞，是由於一神論清除了自然世界的鬼神，首先爲這機制騰出了空間。上帝和機器度過古代世界，如今卻要彼此單獨相對了。」（頁 285）這是可怖的情景，因爲在「上帝」和「機器」那場最後戰爭中，消失的不僅是自然，更是——人類！

既然人類是**地上的上帝形象**，人類就必須十分相應地明白自己是統治者，是知識和意志的主體，要將世界作爲另一邊的客體，予以支配。他們只有統治這個地球，才能和上帝——世界的主——相應。又由於上帝是全世界的主和擁有者，所以人類也必須竭力成爲地球的主人和擁有者，因爲非如此不足以證明他們是上帝的形象。人要像上帝，不是藉着良善和眞理，不是用忍耐和愛心，乃是藉着武力和統治。所以在近代的發端，培根就這樣讚揚他那個時代的自然科學：「知識就是力量」，於是人類藉着擁有控制自然的力量又可以恢復自己爲上帝形象的身分。不過這特別是指男人奪權，是有西方的詞語為證的，如將「自然」等同「婦女」。我們說「開採」地下資源，「征服」高山，「治理」河流，「強闖」「處女森林」，而「無主財物」可以據為己有，要「揭開」「大自然懷抱」的「祕密」等等。這都是男人施暴的用語。

2. 從片面的統治轉到相互的羣體

如果我們比較一下印第安酋長西雅圖(Seattle)在一八五五年所作的著名控詞，就立刻清楚我們到了甚麼地步：「這個地方的每一處對我的百姓都是神聖的，每一根閃爍的松針，每一片沙灘，陰暗森林的雲霧……巉巖的高山，柔輭的草地，小馬的——和人的——體溫，他們通通屬於同一個家庭。」

為了體驗我們在地上的本性是和所有生物屬於「同一個家庭」，我們就必須改變。這種改變也必須從上帝的形象開始，這是我們努力的方向。不過像一九八五年德國教友大會*(Deutschen Evangelischen Kirchentag)*的口號：「地球是屬於主的」，還是不夠的。這個口號說明地球不是我們的所有物，如果我們任意妄為，難免受到懲罰，那誠然不錯。地球的支配權在上帝手裏，人類只有使用權吧了。然而地球不僅僅只是創造主的所有物。自然，我們也無需像印度或中國的「新時代」運動那樣，為了表示對每一種生物的尊敬而去找尋更高的智慧。我們只需回到自己宗教傳統原來的智慧中，重新發現被近代絕對的和男性的上帝形象所支配的便行了。這就是要重新發現那位**三位一體的上帝**。

這話聽起來無疑是在教義上正統得交關，也非常的老套，不過如果宗教和神學要從現代的死胡同中走出來，這裏面就蘊藏了我們所要找尋的線索。正如「三位一體」這個名詞所指明的：上帝不是天上一位孤獨的、冷感的統治者，要將萬有屈從自己；祂乃是一位蘊含豐富關係、能夠建立關係也**在羣體中**的上帝，因爲「上帝是愛」。古代的三一教義正是要解釋「上帝是愛」這種經驗：父、子和聖靈活在人們所能想像的至高至善的愛的**契合**(community)中，**彼此與俱**(with one another)、**彼此扶持**(for one another)、**彼此契合**(in one another)。耶穌在約翰福音裏說：我在父裏面，父在我裏面。在神學傳統上，這稱爲「互滲互存」*(perichoresis)*，即三位一體的上帝互相滲入對方，互相爲對方獻出自己，如此一來，三位就組成獨特的一體了。如果這是眞的，人類要同這位三一的上帝相應，就不能憑藉統治和征服，乃只能透過羣體和彼此間促進生命的力量。上帝在地上的形象不是那孤獨的自我——人，而是人與人之間有眞正的羣體。能夠反映出祂的智慧和美麗的，不是個別部分，而是整個的受造物團契。

如果我們觀察自然，就不能僅僅說：一位超越的上帝創造了這個世界。我們必須確切一點：父上帝透過智慧，藉着祂的兒子／女兒（箴八），在聖靈裏創造了世界。所以萬有的存在都是「**來自**上帝」和「**藉着**上帝」，並且是——「**在**上帝**裏面**」。上帝是藉着聖靈而臨在祂每一個受造物之中。所有的活物都靠這個「生命之源」——上帝的靈——而活。祂那創造生命的靈澆灌整個造物界，組成創造的羣體，使所有的受造物在這個團契裏彼此扶持、彼此與偕、彼此契合。「聖靈無所不在，支撐、撫養、甦生天地萬物……祂把能力澆灌萬有，並藉此而給萬物以本性、生命和運動，這是衆所周知的，也是神聖的。」（加爾文《基督教要義》，卷I，十三14。）

「因爲祢愛一切存在之物，祢所造的祢甚麼都不恨；祢若要恨的話，爲甚麼還會創造呢？祢不願意，甚麼也不能存留。若不是祢叫來的，甚麼也站不住。然而祢愛惜一切，因爲他們是祢的。主啊，祢愛生命，把祢不滅的靈澆灌在它們

所有當中。」(所羅門智慧書十一24～十二1)

認識上帝的靈澆灌萬物使到我們對世界有了新的看法：我們對世界的認識不再停留在機械式的、由原子組成的階段，乃進而看出那是一個有機體，充滿着活力。如果上帝的靈澆灌祂整個的造物界，則祂的靈也在所有受造物中運行，促使它們彼此間及同上帝成爲一體，共融在一起。生命是交通。受造物的生命便是受造物彼此交通的羣體。生命關係能夠這樣彼此交織在一起，是拜上帝的靈所賜。這個靈也可以稱爲「宇宙的靈」。不過，這意味着要達至這樣的連繫，世上再沒有別的元素和基礎，或甚麼「基本粒子」了。

根據「現代」的機械論，物質是首要的，而它們的彼此關係則是次要的，受着自然律所規範。相反，根據這裏所說對世界新的了解，關係和物質同樣是最先的。「物質」和「關係」是互相補充的現象，就如電磁場中電波和粒子一樣。如果我們明白這個場是能量場，那麼物質彼此關係的網絡，就比能量在物質上的凝聚及其在物質上的表現優先。事實上沒有甚麼東西是從自己而生、依靠自己之中的。所有活着的生命都是在宇宙這個較大的範疇中彼此與俱，爲了彼此，也在彼此當中而存在和生活。我們稱這種將萬物結連在一起的力量爲「宇宙的靈」(the cosmic spirit)。作爲「上帝的靈」祂是單一的，要將萬物結連爲一體。由於祂從自己而生，也棲於自己之中，所以我們稱之爲上帝。祂在萬物中內蘊而超越。所以祂是所有不靠自己，乃是靠他物、與他物在一起、在他物之中存活的生命的根基和源頭。這樣，我們不僅說明了現實的偶然性，更指出了它是沒有自己本體而存活的，換言之，它的存在是從上帝而來的。由於上帝的靈無所不在，也由於祂與萬有相交往，於是產生了模式(model)和對稱(symmetry)，運動和節奏，能量場和物質的凝聚，正如海森堡(Werner Heisenberg)所說：「太初有對稱。這顯然要比德謨

克利特 (Democritus) 的論題『太初有粒子』正確得多。基本粒子體現了對稱，是對稱最簡單的表現，不過卻是對稱的結果。」

我們覺察到上帝的靈在受造物的羣體中，正符合我們對自然生態所尋找的新認識。機械世界觀的時代同時是主體的時代，是人要君臨自然的時代。人類存有的主體性和自然存有的物化互相制約。如果我們不願意看到我們所共有的這種分裂世界，導致自然和人類的相互毀滅，我們就必須用一個基於文化和自然相互性的新典範——溝通的羣體典範。

這是聖經和基督教原來的洞見：藉着祂創造的、賜生命的靈，上帝存**在**於世界**之中**，世界也**在**上帝**裏面**。「主的靈充滿全地。」（所羅門智慧書一7）創造物的不同種類正是上帝這個具創意的、賜生命的靈的不同表現。

據此，「地球」不僅是「主的」**所有物**，也是上帝智慧**臨在之處**，是上帝的靈**溝通之處**。

馮冰耕 (Hildegard von Bingen) 寫了下述的詩句：

> 聖靈是賜生命的生命，是宇宙的推動者，所有被造存有的根。祂清除宇宙的不潔，消滅罪過，塗抹傷口。所以祂是閃爍的生命，配受稱頌；祂叫宇宙復甦，一再運轉。

英國有一首聖詩說上帝「透過整個造物界呼吸」。從前有句諺語說上帝的靈

> 在物質中安睡，
> 在動物裏作夢，
> 在人類中睡醒。

這都表明，宇宙的靈要在人類的意識中尋求自己的自覺性。因此，意識不是要把人類從自然中分開，乃是使之和所

有其他受造物連結起來。上帝臨格這世界的智慧，使萬物甦醒，可以說是在萬物的深處、傾向上帝的深處。惟有覺察到上帝的智慧的人才找到生命。誰錯過了，就損害自己。所有恨惡祂的，都喜愛死亡。（箴八 35～36）

這種宗教上、在同上帝的關係上的轉向，對於要在科技方面改變世界的關係有甚麼意義呢？

現代的思想發展了典型的科學方法。在此我是指那種客觀化的、分析的、逐一細分的、還原的操作過程。甚麼叫認識呢？我們嘗試將一件物體從它的生活圈子中孤立起來，然後將之簡化為最小的、不能再分的元素，最後又人為地予以重造。簡言之，我們若能把一件物體拆開，又重新拚合，那我們就認識它了。我們掌握了它。羅馬人的政治口號：分而治之 *(divide et impera)* 正經過科學的方法應用到自然上。我們是藉着分割而統治。德文顯示德國人是用**手**思想的，一雙抓緊 *(zupacken)*、掌握 *(begreifen)* 和攫住 *(besitzergreifen)* 的手。比方我們要「掌握」一切，而當我們「掌握」以後，事情就「在我們掌握中」，可以控制了。我們「能夠」*(können)* 做某事之後才「知道」*(kennen)* 它。這顯示出我們對自然的認識，是多麼受到這樣一種巨大的興趣所引導，即怎樣去**控制**它。

相反地，如果我們要認識到自然是上帝的受造物，看出上帝的靈臨在於自然之中，那麼我們就必須拋棄這種統治的想法，學習另一種思想：**彼此溝通、整全綜合的想法** (communicative and integrative thinking)。我們對物體和事態的認識，最好是在其各自的關係網絡和整體組合中，即不予以孤立，乃從整體及其周遭予以觀察。為此，我們必須改變啓發我們認識的興趣：我們不再是**為了控制而認識**，乃是**為了參與**，為了進入生命的相互關係網絡中。在古代，人們認為「認識」會實現羣體。在希伯來文中，「認識」就是「愛」。這種整體的觀察，這種觀察者溶於被觀察的世界中而成為一體的方法，自然沒有現代分析性的、旨在統治的認識論那麼清晰明亮，但卻在關係網絡上豐富得多。我們能夠認識一些別的事，總是因爲我們愛它，並在愛中讓它完全成爲它自己。這種整體的、參與的認識有助於建立人類和自然的共融關係，使到人類長期和自然爭戰之後，現在可以彼此和解了。

長期以來，人類只從自己的工作方面看自然和自己。他們只注意到自然的一面，即有用的一面，卻忽視了自然內在的價值。不過古代猶太人的智慧卻認識到自然是上帝的創造和臨在。他們**記念安息日**，在那一天不干擾自然，讓自然安息。按照第一個創世的記載，創造主「完成」創造之後就記念世界的安息，「歇了祂一切的工」。祂以自己無爲的臨在賜福受造物。上帝不做甚麼，卻完全在受造物的左右，也讓受造物在那裏。上帝這種安息才是「創造的冠冕」，人類還不是。相反地，人類和其他所有受造物都因安息日而被「加冠」，蒙受福氣。創造世界的上帝是在安息日的安息中才完成目標的，所以人類要記念安息日才能覺察到這個世界是上帝的受造物，才能讓世界成爲上帝的受造物。這樣，他們才能重視自己的尊嚴，也重視其他每個受造物的尊嚴。

3. 地球的安息：上帝的生態學

爲了使舊約的世界觀對現代的啓蒙切題而具現實意義，現代的舊約學者經常喜歡將自然的「解咒」(disenchantment)、「除魔」(de-demonization)及「世俗化」(secularization)追溯到猶太人有關創造的信仰，因爲這是基督教所繼承及加以發展的；同時他們這樣做，多少帶有護教的意圖。

上帝啓示自己奧祕的地方不是在自然中，而是在歷史中，尤其完全是在人類的歷史中。由此人們得出「創造囿於世界」的識見。因爲藉着世界受造的觀念，以色列人在「佔領迦南的危機」中，在應許之地落戶定居，早已在理論上和實踐上將「世界非神化」了。

十誡中第一和第二誡可說是「以色列世界觀的鑰匙」。他們抗拒偶像崇拜，反對將自然力量、生殖和分娩的本能、土地的肥沃和月球的潮汐賦予神秘色彩來推崇，就是要將世界「世俗化」，使之成爲凡俗。

上面所描述的**事情**是不容爭辯的，不過所用以描述的字句卻來自現代世俗化神學，目的在使人相信現代的世界觀特別接近古以色列的世界。然而我們若加以接受就肯定是錯了。工業社會和當時遊牧農耕的世界無論在歷史或文化上都是相距太遠了，以致我們不能把現代思想和「希伯來思想」相提並論。儘管這樣，他們的護教意圖卻是可以理解的：他們是針對納粹分子藉着「血緣和土地」的意識形態製造「日耳曼信徒」，而將基督教重新變爲異教。只是人們在使用以色列有關創造的信仰和舊約世界觀那種護教的、受時間局限的記載時，卻忽視了一件事情，或者說，還未能完全明白其中的意義，那便是「地球的安息」。聖經有關創造的倫理基本上是安息倫理，因爲安息是創造的法則。

根據出埃及記二十三章10至11節，以色列要在第七年不耕不種，叫土地歇息，使「民中的窮人有吃的」。在利未記二十五章1至7節中，又重申安息年的法律，不過理由卻有所不同。這裏的根據不是出於社會的考慮，而是生態學上的理由，那是「要讓土地徹底休息」（現代中文譯本）。在利未記二十五章，守安息年是上帝賜應許之地，保證以色列民擁有這塊地方所訂的法律：「你們到了我所賜你們那地的時候，地就要向耶和華守安息……不可耕種田地，也不可修理葡萄園。」（2～4節）「我的律例你們要遵行，我的典章你們要謹守，就可以在那地上安然居住。」（18節）每隔七年讓地休息一次是蒙上帝賜福的。在利未記二十六章1至2節中，安息誡命取代了別的民族所拜的生殖神祇的地位：「你們不可作甚麼虛無的神像……你們要守我的安息日，敬我的聖所。」凡謹守這些誡命的，就得享豐收，得以在主的平安裏度日（3～13節）。凡不遵守安息誡命的，就難免驚惶失措、乾癟發燒，爲敵人所勝和管轄：「我要使地成爲荒場……把你們散在列邦中……你們的地要成爲荒場，你們的城邑要變爲荒涼……你們在仇敵之地居住的時候，你們的地荒涼要享受衆安息；正在那時候地要歇息，享受安息。」（32～34節）

爲此，42至43節所給予的理由是奇特的：「我就要記念我與雅各所立的約，與以撒所立的約，與亞伯拉罕所立的約，並要記念這地。他們(即以色列人)離開這地，地在荒廢無人的時候，就要享受安息。」按照歷代志下三十六章19至21節，以色列人被擄到巴比倫，也是因爲他們不遵守地的安息年，「這就應驗耶和華藉耶利米口所說的話，(直至)地享受安息。因爲地土荒涼便守安息，直滿了七十年。」

按照安息年的這些觀念，地是要向主上帝慶祝安息，而這也是百姓必須謹守的；地不是要給予上帝的百姓，倒是恰恰相反，即百姓要給予上帝這地，好叫這地得到照顧。由此看來，安息年是應許之地的生命奧祕。如果加以遵守，地就多產；如果藐視，地就不產。如果遵守，百姓就留在土地上。如果藐視，主就讓百姓從土地上遭受放逐，好叫土地重獲氣息，享受安息。所以上帝的土地似乎比祂的百姓更爲重要。上帝和祂的土地之間的約在於安息年。以色列得到土地，是爲了這個約的緣故，而他們遭受放逐，便是因爲他們藐視土地的安息，好叫土地得回自己的權利。然而這可不是甚麼過度的律法主義，也不是古代的魔術。這裏面深藏着生態學上的智慧。

幾千年來，大多數的農業制度都實施**休耕的原則**。經過一段耕種時期之後，土地就必須休耕一年，使之可以復原。

換言之，要使土地長期生產，就必須按時讓它休息。土地必須按時休息，農耕除去和趕走的野草野獸才能回來。農業社會可不忘記忽視休耕的時間會使到土地枯竭，引起沖蝕，導致減產，甚至是饑荒。對農業社會來說，土地是支持生命的體系。土地一旦汲盡，人類最後也將死去或必須外逃。不少有關土地和文明的調查證明，幼發拉底河和底格里斯河的文化、羅馬人在北非的文化及猶加敦(Yucatan)的馬牙(Maya)文化等等之所以毀滅，就是因爲土地受到無情和短視的摧殘，使到泥土的生產能力遭受到持續性的破壞。人民外逃與「放逐」於是成爲拯救土地和人類所必需。特別是那些大帝國，爲了供養大城市和軍隊便掠奪穀倉和肥沃的省分，以致過後洗劫一空。

現代工業社會早已過渡到農業工業化，成爲農業工業及農業經濟。由於農業的工業化，休耕的原則幾乎是完全給人遺忘了。化肥使人們錯誤地以爲可令土地永遠肥沃的。單一耕作取代了從前的輪流耕種。「綠色革命」曾經應許過更大、更好的收成。雖然更大量和廣泛地使用人工肥，但今天的作物卻愈來愈容易招致病害。收穫下降了，成本卻愈來愈高。在長期廣泛進行單一耕作的地區，泥土的沖蝕經已是無法阻擋。這不僅是發生在加入世界市場的第三世界國家吧了。除草藥、殺蟲藥等等化學品產生長期的「副作用」，破壞力甚強，以致無藥可救。這些破壞雖然稱爲「副作用」，其實愈來愈變爲主要的作用了。爲了追求即時的利潤而長期破壞自己的生活根本，從來都是短視的、自毀的。爲了自己的利益而將代價推到未來的世代，從來都是無情無義的，因爲子孫怎樣也要想辦法補償，或必須與這些災害共存。所以這不僅在道義上是無情無義，更是人類自我毀滅的非理性傾向。

根據舊約以色列信仰的洞悉，對土地守安息年的智慧顯然是造物主維持生命的原則。每個人都知道，鬆弛、休憩可以保護自己的生命力，因爲這樣不僅可以避免疲乏，更可以回復精力。凡每週休息的，就知道工作和愛的意義。難道我們知道這樣做對自己有好處，就不知道這樣做也對賜生命的土地，對我們靠其生產力得以存活的土地有好處麼？根據聖經的識見，安息年顯然是上帝的生態智慧，這位天地的造物主也稱爲「生命的愛好者」。以色列在「應許之地」所經歷充滿盼望和悲劇性的歷史，正好爲我們這些嚴重藐視安息誡命的人提出警告。守安息不獨能救我們自己，也能挽救我們賴以生存的土地。能夠幫助土地和我們自己的，不是那些好聽的「撫育和保護」，也不是那種崇高的「責任倫理」，乃是這種簡單的安息約束，不再干擾上帝的受造物，是這種可稱頌的「由得它」(Let it be)。

我們爲甚麼不在主日之外加上一個安息日，在星期六停止污染環境呢？週六沒有汽車，沒有工作不好麼？爲甚麼我們不每七年有一個安息年以代替提前退休及提前拿退休金呢？我們爲甚麼不鼓勵農作的休耕原則呢？

根據聖經，安息法則是**上帝的生態策略**，要保存上帝所創造的生命。安息所帶來的休息和時間節奏，也是帶領我們走出生態危機的策略，使我們領略過要別人承擔代價的片面進步之後，看出和自然保持恆久均衡及和諧的重要。

4. 創造的羣體是權利的羣體

(1) 與造物界復和

對基督教信仰來說，人類得以從對自然作不顧一切的剝削中改變，轉而照顧周到地與自然復和，其中的精神基礎是因爲覺察到宇宙的基督 (cosmic Christ)，看到宇宙的救贖。這種覺察並不廢除個人對基督的信仰，也不是用某一種宗教的世界觀予以取代，乃是將之置於基督統治的廣闊視野中。

基督的平安是要個人在自己內心的深處憑信心領受的。個人內心與上帝和好之所以重要，是因爲無饜的貪欲只有在那裏才能克服；不然的話，不敬虔的心的驚惶就會被它所淹沒。然而，如果內心的這種平安就是**基督的**平安，則它必定衝出這個心之外，指向宇宙所有受造物的羣體。因爲基督在十字架上的死亡經已「滅了」「怨仇」了：人和自己及彼此間的仇恨，人和自然的敵意，及自然本身各種力量間的敵意。基督的平安是普世的，貫穿整個造物界，不然基督就不是**上帝的基督**。

與上帝和好要憑信心在基督裏體驗；這是個人的，也是共同的經驗。如果上帝親自臨在基督裏，則人們的願望也要在基督裏得到安息，因爲這些願望正表示他們對上帝有不能止息的渴念。他們能夠完全**在那裏**，卻不需要**擁有**一切。一旦這些願望得到滿足，每個人都有足夠的東西，像耶路撒冷初期的教會那樣（徒四34）。人們若在自己身上及在彼此之間經驗到與上帝**和好**，那麼這種經驗就會超越本身，跨越人類的世界而進入廣闊的宇宙中：「藉着祂……萬有，無論是地上的、天上的，都……和好了。」（西一20）如果不是**整個造物界**得到和好，基督就不能是**上帝的基督**，不能是**萬物的根源**。不過如果祂是的話，那麼基督徒在對待其他受造物時，就當和對待其他人一樣，因爲每個受造物都是一個生命，爲了將之納入復和的世界裏，基督也爲此而死了。

宇宙的復和是要恢復宇宙的公義。這些其他的受造物，沒有一個該成爲人類科技的材料，供人操縱。在復和了的受造物羣體中，人類體會到自然不再是物體及對手，乃是彼此分不開的連續體：他們自己便是自然，而自然也在他們裏面。

現代世界的**侵略倫理**(aggressive ethics)反映出人類未曾復和的心態和對全能的虛無式夢想。**復和的倫理**卻有利受造物的共同生活。與現世的侵略倫理相反，它必定是**防禦性的**，顯出保護生命的特性。基督徒對受造物的信仰表白，今天應該是反對「現代人」破壞自然及自我毀滅的行動。然而，防禦性的保存生命和**生產性的**促進生命並不互相排斥，乃是屬於一起的。人類文化的需要同自然的條件及再生力量之間的和好倫理，不僅是針對公正的均衡，更旨在謀求**生產合作**，以達致共同生存。

在共同生活的根基上要達成合作，我們就需要認可上帝所有受造物各自獨特及共同的尊嚴。我們承認這些受造物的**尊嚴**，是根據上帝**對**它們的愛，是因爲基督**爲**它們所作的自我犧牲，是因爲上帝的靈住**在**它們**裏面**。由此我們看出，每一個別的受造物在這廣泛的**受造物的權利羣體**中都享有自己的權利。藉着基督的復和，受造物的羣體既在上帝的子民中，也在宇宙裏建立一個**權利的羣體**。正如**人類尊嚴**是一切人權的根源一樣，所以**受造物尊嚴**也是動物、植物及土地所有權利的根源。人類尊嚴只是一般造物尊嚴屬人的形式吧了。如果在上帝受造物的同盟中，受造物羣體不能依法成爲權利羣體，而其權利亦未得到落實，則一切有關生態學所作的努力都是風花雪月，不免淪爲痴人說夢。

現代人對自然所作的**侵略倫理**，是歐洲**文藝復興**及歐洲人在美洲、非洲、亞洲所作的攻城略地 *(Conquista)* 的結果。自文藝復興開始，人們才開始剝奪自然的權利，稱之爲「無主財物」，即誰予以佔據 *(occupatio)* 就歸誰擁有。同時，也是到了歐洲向外擴張的時代，才開始用武力霸佔美洲、非洲、亞洲土著所住的地方，使之成爲歐洲的「殖民地」。在這以前，土地、水、樹林和空氣都算是上帝所有，是留給人類共同使用的。到了今天，只有人人必須呼吸的空氣還是這樣，儘管我們經已知道，許多城市日漸污染的空氣正是現代世界那種侵略的、無視社羣的倫理的結果。如果受造物的羣體是一個權利的羣體，那麼人類就必須承認土地及各種動植物都有自己的權利，並且與一九四八年所通過的「世界人權宣言」(Universal Declaration of Human Rights) 相仿，通過「地權」及動植物權利的法案。自一九七八年以來，我們已經有一條這樣的「世界動物權利宣言」(Universal Declaration of Animal Rigths) 了。動物不是一件東西，不是一種產品，乃是有牠自己權利的生物。要尊重這種事實，我們就要不再爲了「動物生產」而大量畜養動物；我們畜養動物的方法必須符合牠們自己的本性。工業的、用激素控制的「動物生產法」，不僅對動物是殘酷的，其實對人類的健康也極度「有害」。比方在美國，每年約有一千七百萬頭動物用在實驗方面。這不禁使人置疑：其中的實際效用是否與道德的代價相稱呢？對於生命來說，特別是對於我們不熟悉的及即將成形的生命，這些事都使人們在這個備受粗暴威脅的社會中愈來愈變得憤世疾俗。誠然，基督同動物之間的關係只在試探的故事中（可一 13）略略提及：「並與野獸同在一處，且有天使來伺候祂。」那是暗指受造物在彌賽亞裏所享受的和平，根據以賽亞書十一章，這也是以色列人的盼望。由於人類是帶有肉身和屬於自然的生物，所以若不同時尊重動物、植物及土地的權利，只是一味談論怎樣去實現人權，那是絕對沒有可能的。若不闡明他們在生態環境中的權利和義務，只管人類的生命權利是不切實際的。但如果在人類的法庭中有非人類受造物的保護者和法律的執行者，它們的權利就會得到維護和貫徹了。

（2）受造物的權利羣體

在以色列的舊約時代和歐洲的中世紀都有過動物審判。然而受到懲罰的，完全是那些襲擊、傷害或殺害人類的動物。相反，對動物犯錯的人卻不受懲罰，除非是獸姦。根據利未記二十章15節：「人若與獸淫合，總要治死他，也要殺那獸。」一五三二年查理五世的刑法(Carolina)第一一六條有同樣的說法。在中世紀，審判豬的案件顯然特別多，因爲當時豬的野性未馴，偶然會襲擊兒童。於是有一連串這類豬公開行刑的儀式，顯然不僅是在人前，更在豬羣前舉行。我們提到這種古怪的事情，是因爲這裏顯示，在中世紀，法制顯然不是局限於人類社會的。如果當時的審判在於保護人類免受動物襲擊，那麼今天很可能要反過來了，即我們要保護動物免受人類的襲擊。

像猶太敎一樣，基督敎的信仰也從上帝身上引伸某些法律觀念。如果上帝是天地的創造者，則天地是祂的所有物，並因此而變得神聖不可侵犯。誰要承認自然是「上帝的造物」，就必須尊重上帝對土地的權利，反抗人類對自然的破壞，因爲有人幻想自然是「無主財物」，可以先到先得。

如果上帝是祂的受造物的擁有者，則惟有祂有權處理自己的造物。人類和動物惟獨有使用的權利，俾得以養生和存活，而且要考慮上帝創造的一般目的，因爲上帝希望的，是祂的受造物彼此間可以和平共處，「各從其類」。人類對於自己能駕馭的受造物不使用支配權，那到底表示甚麼，我們還不十分淸楚。不過這必然包括保護各種受造物在內，因爲上帝造動植物，是要「各從其類」的（創一1、11、21、24）。因此，人類將動植物整個種別滅絕，必須要視爲褻瀆上帝之事，必須要加以懲罰。

人類對上帝受造物的擁有，若是用在互相支持方面，才能算是公正的。這種照顧到彼此與共的使用法同樣適用於今天的人類社會。按照德國的基本法，財產是要向「社會負責」的，不能有損別人，只能造福別人。同時，財產也要向「後代負責」，不能損害，只能造福於後代。最後，財產要向「環境負責」，不能損害，只能在與「環境一致」、與自然生態相吻合的情況下才能使用。

無論在甚麼時候，在甚麼地方，一旦證明世界經已與上帝和好，不管那是個人的、羣體性的或宇宙的，上帝的公義就得以恢復，得到彰顯。不義和不潔的以色列人在贖罪日（利十六）贖罪，被視爲是**上帝的公義**得到伸張和以色列人得蒙稱義的證明，因爲惟有祂的公義才能保證所有人的生命和平安。同樣，整個宇宙藉着基督同上帝和好（西一20），也表示所有無權及受到損害的受造物得以稱義，也貫徹了上帝的公義，使受造物的生命和平安有了保證。爲了建立一個可以繼續生存的權利羣體，人類同上帝的和好、彼此間及同自己的修好，因此必須直接包含同自然的和好在內。

5. 現代人的身心危機

「與自然相符的生活」，有點像盧梭「返回自然」的呼籲，也像青年運動和對農村的生活理想作浪漫的歌頌，但其實不然。「與自然相符的生活」意思是我們所過的生活，要與我們各人居住的地球的規律和節奏**相一致**；同時這也表示，我們的生活要與自己身軀的規律和節奏**相協調**。然而，要找到這種外在的一致和這種內在的協調，我們就必須重新學習自然的言語，聽一聽它向我們說些甚麼話。我們必須再讓身體有自己的語言，不得再加以壓制。可惜的是，現代工業社會的人顯然忘記了這兩種語言。我們不再重視它們。我們用自己嘈吵的工廠將它們的聲音壓了下去。因此，自然在我們的環境中，只能藉着沉寂得有如「無聲的春天」，慢慢死去而引起我們的注意。因此，自然在我們的身軀中，只能藉着疾病通知我們；其實在很多時候，疾病正是因爲我們的身體要抗議我們用不自然及不健康的生活方式對它作經常的强暴。今天的所謂「文明病」事實上正是一個病態文明的症狀。

是甚麼原因，使到現代文明及我們這些生活在其中的人與我們自己的本性相矛盾？

現代世界是人類按照自己的想法製造的，這個世界一旦同自然的**世界**分開，人類世界就失去了對宇宙規律和自然節奏的依據。人類社會的進步和發展不再與自然的變化相符合，乃經常是在違反自然的情況下達至的。以自己的目的爲取向代替了與自然相一致。這種同自然分離的「科技文明」(scientific-technological civilization) 便是**近代的偉大實驗**。它是人類一個巨大的**計劃**。如果成功了，人類就能繼續生存；失敗了，人類和地球上的其他生物就會滅亡。因此這個實驗含有「一次過的」，「不可挽回的」特性。既然這樣，我們就必須視之爲「末時的」。人類「最後的遊戲」經已開始。

人類這個與周遭自然環境分離的現代設計一旦開始，有關生命再生的循環以及時間的規律，如晝與夜、夏與冬、童年與老年等舊觀念便告消失。代之而起的，是直線的時間觀念，一切事情都以之爲量度的標準。人類所定立和追求的目標和意義便是根據這種直線的時間。鐘表於是成爲現代世界無所不在、無所不能的計時器。每個人都把它戴在手上，放在袋子裏，掛在頸項上；它擺放在工作間、睡房裏，掛在教堂的鐘樓、工廠的閘口。從搖籃到入棺，它都規定着我們的生活。不管是工作時間或休息時間，不管是在青年時代或退了休，鐘表永遠和我們在一起。它將我們的經歷簡化爲可以用機械時間量度的數據。爲甚麼？爲了使我們無論在甚麼地方工作都合乎某種目的，不管我們是工人、乘客、消費者還是幹甚麼的。文福德 (Lewis Mumford) 說得好，鐘表經已成爲「現代工業時代最主要的機器」了。每個人，特別是婦女，都能領略到這種機械式統治的後果；它怎樣强逼我們同自己身體的節奏和循環疏離。根據這種機械式的鐘表時間，每個人都必須在任何時間等候吩咐，因爲時鐘並不區分、也不考慮時間的內容。

現代的**宗敎和敎育**，亦進一步驅使現代**人**脫離了和自己身體的本性相協調的狀態。人必須首先辛苦學習，明白自己只能夠成為知識及意志的主體。他必須學習克服自己和自己身體的衝動，把自己的需求加以控制。自律和自制是工業社會的最高準則，因為惟有這樣人才能隨時候命。在道德和敬虔運動中，自律也是現代主觀宗教的原則。

我父親認為疾病是「意志的事情」，尤其是對於他那輭弱的兒子。我的祖母教過我這句格言：

> 和自己爭戰，
> 是最難的戰爭，
> 要戰勝自己，
> 是最輝煌的勝利。

在這種戰爭中，我恐怕自己不是個成功的勝利者。

今天我們到亞洲或非洲一行，就看見我們所說的「經濟發展援助」大部分在於使那些民族屈從我們的這些原則。我們的希望，是將那些國家開放給我們的世界市場，可是這計劃卻受到阻撓；因為那裏的人生活，還是按照另外一種自然的節奏、和他們自己身體的循環。

從希臘文化的開端，**西方人觀**的歷史就以靈魂克制肉體為目標，即克制己身，使之成為工具：聰明的靈魂要突出於笨拙的身軀之上；發號施令的自我要支配順服的肉體。眞正屬人的部分是在靈魂裏，不是在肉體；在意識裏，不在潛意識；在意志裏，不在本能的衝動中。靈魂永遠「在上」，肉體永遠「在下」。靈魂要管轄肉體，肉體應該順服、侍候；意識決定無意識，自我支配着身軀，不能逆反。

在我們的文明歷史中，甚麼地方是人的中心這個問題經歷了顯著的變化。只要人們看到人的氣息在於呼吸空氣，於是將生命的中心定在橫隔膜裏。生命在於呼吸。呼吸是「生命的氣息」，隨着最後的一口氣，「人就斷氣」了。整個人死亡的眞正記號是呼吸的停止。後來，人們發現人的氣息是在偉大的感情中，是心靈的契交、銘心的愛。人們認識到血液循環對生命的意義。於是人們將生命的中心定於人的心中。如果心臟停止跳動，人就算是死了。自大概十七世紀以來，認爲生命的中心是腦袋的見解慢慢得到接受。所謂人是指他是理智和意志的主體。這種主體性定居在腦袋中，在雙眼的目光之後。從此以後，「大腦死亡」便算爲人死的眞正記號。（日本的醫生報導說，他們對於西方的這種人觀，到今天仍然感到困難，因爲在他們的文化中，人和自然組成一個連續體，不能彼此對抗。）我們的見解既然是這樣，所以身體——人的主體所擁有和控制的那副身體機器——的其他部分，甚至是心臟，都是可以替換的。如此一來，就無怪現代工業社會的人看自己的身體基本上與一輛汽車一樣了。

誠然，人們可以頌揚這種人觀是歐洲偉大自由歷史的基石；不過人們不可忘記，這也促成歐洲產生同樣巨大的壓逼歷史。人們不再注意自己的身體，不明白身己身體的言語，不留意身體的需要，便受着抑制和變得貧乏。因爲他們對於自己身體的關係，完全相應他們與周遭自然環境的關係，反之亦然。外面的環境遭受破壞也相應引起我們體內的疾病，就是我們稱之爲文明病的。簡言之：我們每一個人都將生態的危機帶進自己的身體裏面。

在這裏我們必須提出一個神學上的問題。現代神學容許這種文明的發展，亦幫助了**近代宗教**。它接受了人類歷史和**非人類的大自然**之間的**區分**；它只在人類的歷史中談論上帝的啓示和臨在，卻不提及非人類的自然。很早以前它接納了**身體和靈魂**的區分，指出上帝的靈只在人的靈魂中，不在身體裏。它教導我們，人是上帝的形象，只該是在靈魂中，不該在身體裏。由於這樣的區分，人們於是產生無神的自然觀及無自然的上帝觀。人們對靈魂作神聖的尊崇，但對於身體卻壓抑得近乎褻瀆。身體的自然本性被奪去所有宗教上的禁忌，以致無力反抗人類的權力意志。然而上帝，天**和**地的創造者，豈不透過地球的規律和其他受造物的特性，向人類說出自己的說話麼？上帝創造的人是靈魂**和**身體組成一個整體的，祂豈不也透過身體的言語向人類的意識和靈魂說話麼？

令人奇怪的是，教導人們注意上帝在自然中說話的，正是基督教的神祕主義者。馮冰耕和亞西西的法蘭西斯（即聖方濟）都是基督教裏著名的宇宙神祕主義者 (cosmic mystics)。不過尼加拉瓜的詩人和革命家喀地納爾 (Ernesto Cardenal) 也是一個現代的神祕主義者。在他所著《生活和愛心》*(To Live is to Love)* 中就有這樣的思想。

> 所有動物清晨發聲歌唱上帝。火山、彩雲和樹木都大聲向我們述說上帝。整個造物界向我們迫切呼叫，大聲講出上帝的存在、上帝的美麗和愛。音樂在我們耳邊嗡嗡作響，風景映入我們的眼簾……在整個自然界中，我們找到上帝所寫的文字，一切受造的生物都是上帝寫給我們的情書。整個自然陷入愛的火焰中，是出於愛而受造的，也爲愛的緣故而在我們裏面燃燒。……自然像上帝的影子，是祂美麗的光輝反照。平靜的、藍色的湖是上帝的反照。在每一個原子裏都有三位一體的形象，三一上帝的形象。就是我自己的身體，也是爲了對上帝的愛而受造的。我每一個細胞都是向創造主歌唱的讚美詩，在不斷宣揚上帝的愛。

爲了避免基督新教的人認爲那只是天主教「自然神學」的典型讚歌，我要引用改革家加爾文的話，因爲他對上帝在自然中的臨在有同樣的看法。在《基督教要義》中，他是這樣寫的：

> 有福的生命最高的目標是對上帝的認識。不該阻礙任何人蒙受這種福氣；因此上帝不僅將我們稱之爲宗教的種子賜給人。祂在整個世界的構造中這樣啓示自己，直至今天還是那樣，以致我們睜開雙眼就非看到祂不可。祂的本質誠然是不可理解的，所以祂的神性超乎人一切悟性之外。然而，祂在個別的工作上留下祂榮耀的可靠印記；這些印記是那麼的清楚、感人，就是最蠢笨的人也不能假裝不知道的藉口……無論我們的眼睛朝向哪方，環顧世界任何的細小部分，我們沒有看不見祂底榮耀的火花。

不過，加爾文早就有這樣的感歎：

> 在世界這座大廈中，所有這些燃燒的火炬，原是爲榮耀造物主而製造的，卻徒然爲我們發光。它們的亮光從四面八方照耀我們……可是我們卻沒有眼睛，我們是瞎眼的了。

事實上確是這樣。如果我們沒有偏見，只要看自然和自然歷史一眼，就能確信上帝的存在、祂的智慧和美了。上帝必須親自向我們啓示，好讓我們認識祂，知道祂是誰。根據聖經的見證，上帝這種自我啓示，發生在以色列走出埃及爲奴之地而得到解放的歷史中，正如律法書（*Torah*，即舊約首五卷）第一誡所說的；又正如福音書所說的，在基督的歷史中，祂犧牲自己爲我們而死，也在我們以先從死裏復活。這正是上帝向我們所作的**自我啓示**及**自我傳達**。

不過我們對上帝的認識並不以此爲終點，這毋寧是剛剛開始。凡在以色列的歷史或基督的歷史中認識和相信主上帝的，就會到處看出祂的作爲。凡憑信心體驗到上帝是愛的，就會在所有受造的生物中找到這種上帝的愛的證據。凡知道上帝名字的，就在祂所有的作爲中發現上帝的智慧和美。在自然中認識上帝不是通到上帝的救恩大道。眞正的「自然神學」只是對啓示了自己的上帝重新認識，也叫我們可以信賴祂。因此，「自然神學」不叫人得救，卻叫人在與自然的交往上變得**聰明**，因爲他們學會了在自然中留意上帝的聲音。我們需要一種新的、基督教的「自然神學」，不是像早期那樣，目的是爲了上帝，乃倒是爲了自然及它的尊嚴。

因爲相信祂的啓示而知道上帝的人，會在自然中看到「上帝的蹤迹」。對他們來說，自然成爲上帝的國要降臨的**比喻**。他們覺察到每一受造物，連最小的、最脆弱的，「野地裏的百合花和天空中的飛鳥」，都是上帝的榮耀將要降臨的**活潑應許**。天地間整個受造的世界於是成爲上帝的世界將要降臨的一個眞正偉大的應許。從目前地上的現實生活可以讓我們瞥見將來上帝的榮耀，因爲祂的榮耀要在地上顯現。因此整個造物界及其中的每一個受造物都是「敞開的體系」，得以在上帝的面前敞開自己眞正的前程。基督新教要藉着這樣一種「自然神學」的信仰來重新發現造物界的寬度及它的前程，現在該是時候了。我們如果發現和學習**在自然中的上帝**，尊重**在上帝中的自然**，就是過「與自然相符的生活」了。

如果我們在這個世界的自然中找到「上帝的蹤迹」，我們就甚至能在自己裏面發現「上帝的形象」。這肯定是一面更清晰的鏡子，因爲上帝要親自在那裏顯現；同時，如果我們認識上帝，知道祂是誰，就必定能夠再度認出祂來。可惜的是，基督教的神學長久以來阻礙我們獲得這種知識，因爲它教導我們，說上帝的形象只反映在人的靈魂裏，不在肉體中。儘管仍屬塵世，同上帝有種種不相似的地方，不過還是只有管轄肉體的靈魂才帶有上帝形象的印記，才有和上帝相似的尊嚴。這自然與聖經的看法相違背，因爲根據聖經，上帝是按照自己的形象創造整個人類的：上帝「造男造女」（創一27）。所謂男女，是各自指整個的人，包括身體和靈魂在一起。上帝的形象不是超乎男女身軀、沒有性別的靈魂，而是整個人的形體。因此之故，男女要彼此依賴，他們合在一起才是上帝在地上的整個形象。人類的羣體要像上帝，但要似祂卻應該由婦女和男人、父母和兒童一起塑造。在眞實的人中，不管是在個人或社交上，靈魂和身體，意識和無意識，自願和不自願，都相互滲透，彼此影響。身體經常和靈魂溝通。我們無意識的活動和需求經常影響我們的意識。身體是有它自己的語言的。它有自己的記憶，往往與靈魂有意識的記憶不同。因此它也有自己的反應，往往與一個人所要表達的不一樣；它會透露一些另外的事。如果我們消除靈魂在意識和意志上加諸身體個別的和羣體的壓逼，使我們得以和自己及在彼此之間有活潑的協調，我們就能再度過「與自然相符的生活」了。自然，我們在身體和靈魂上這樣重新發現，重新獲得和自己及在彼此之間的**協調**，是會導致和現代文明（令我們生病的文明）的紀律措施產生矛盾的。因此，我們要加强在我們裏面尋找這種協調，看出身體帶有上帝的尊嚴，認識上帝的靈是在我們的身體裏面，而我們的身體也是在上帝的靈裏面，正如保羅所說的：「身子……乃是爲主，主也是爲身子……所以要在你們的身子上榮耀上帝。」（林前六13、20）

最後，我們若嘗試不從**裏面**，乃在**外面**觀看現代的**科技文明**，這個人類的巨大計劃，是大有幫助的。若從裏面看，現代文明超乎自然之上，用上千的手臂加以控制，又用上萬的手牢牢置於自己「掌握之中」。今天的公路網、鐵路幹線、大都會和工業區就是人類文明在地上結成的網絡。人似乎在上，地是在下的。不過從外面看來，情況是完全不同的：火箭和人造衛星所傳送回來的圖片指出，人類生活**在**地球**之中**，不是在地球**之上**。地球有大氣層 (atmosphere) 和生物層 (biosphere)，經常受到太陽能的輻射，作有規律的自轉和公轉，溫度是平穩的，而溫度的變化也有規律，所以好像一個**活着的有機體**一樣，是一個能夠吸收能源、自我調節的敞開體系。這便是拉夫樂克 (Lovelock) 和馬古里斯 (Margulis) 所發展的「該亞假設」（*Gaia*，希臘的大地女神）了。

人類在這個活的有機體「地球」的演化中出現較遲。他們在這整個有機體地球中開展他們的文化，卻不能加以控制。毋寧說，人類的散播和繼續發展要依靠這整個有機體地球的運作，所以必須使這些發展與自然環境的條件相配合、相協調。如果我們這樣從外面觀看，就不禁要問，人類在這整個有機體地球中是否是一個巨大的**腫瘤**，或者說，人類文明有一天是否會發展成爲地球的神經系統那類的東西？

「與自然相符的生活」意思是說，人類文明的繼續發展要與地球這整個有機體的條件相配合、相協調。人類還未找到在這有機體中自己所該扮演的角色。如果我們能夠在地球系統的規律和條件中，以及在我們自己的身心構造中，重新發現上帝的智慧，並加以尊重，那對我們是有所幫助的。**過與上帝相符的生活**就是眞正過人的生活的意思。然而，我們惟有過與自然相符的生活，才能過與上帝相符的生活；因爲我們是在自然之中，也是同自然在一起受造的，而上帝要透過自然向我們說話。

6. 人類的安息：神聖療法

近來星期天又成爲話題。現代高科技工業要求恢復星期天開工，俾可以利用彈性的上班時間，更有效地使用那些昂貴的機器。他們的論點很清楚的：競爭的壓力增加了，特別是來自遠東方面；職位有不保之虞；複雜的生產程序不能在星期五停止，又再在星期一復工。儘管在西德假日是受到憲法所保護的，但從經濟的角度看來，那似乎是不合理的，也花費太多。如果證明對我們有利，爲甚麼不可以另想方法？

這些公開討論足以令基督徒反思：我們在星期天究竟在做些甚麼？我們在這一天休息意義何在？如果把這一天只當作平日工作的一個中斷，就會使到許多人感到極大的困擾：因爲他們不知道在這個休息天能做些甚麼。因此在許多家庭中，星期天時常有爭吵，而大多數發生在家庭的謀殺案件都是在星期天晚上的。如果我們不知道怎樣去過一個休息的日子而得到休假，那不是沒有危險的。如果我們不知道怎樣去休息而加一天休息日，那是困難的。

我們的假日溯源於以色列的安息日誡命。我們的星期天卻是康士坦丁皇帝在公元三一二年立法規定的。自此以後，每逢「太陽日」(Day of the Sun)都要放下工作。那是猶太人的安息日後一天，即基督徒從開始就視之爲基督從死裏復活的那一日。把猶太人的安息法規轉移到基督徒的主日上去，是勉强一點。若是將之改爲一般的誡命：「當守假日爲聖日」，則只是將其中內在的分別弄得含糊。所以我們若能透過基督徒的主日重新思想猶太人的安息日，並再度發現其中的智慧，不但有意義，而且是大有裨益的。

> 六日要勞碌作你一切的工。但第七日是向耶和華你上帝當守的安息日。這一日你和你的兒女、僕婢、牲畜，並你城裏寄居的客旅，無論何工都不可作。因爲六日之內，耶和華造天、地、海和其中的萬物，第七日便安息。所以耶和華賜福予安息日，定爲聖日。
>
> （出二十9～11）

這條誡命是最長的，所以有如拉比所說，是最重要的。這也是最美好的誡命，因爲這是爲了生命，爲了健康而快樂的生命所定立的誡命。這是創造的節日，要慶祝生命種種美好的事。這又是獨一無二的，因爲在教會年曆裏，所有其他的節期和節日都是救恩史上的節期和節日。但在這些節期和節日中，並不包括造物界的救恩和福氣。

我們首先要看誡命，然後看其中的根據，並嘗試將兩者結合起來。

這條誡命是這樣說的：你要工作六天，第七天休息，包括你的兒子、女兒、男僕、女僕、牲畜或是在你家裏的客人。工作的誡命是向敬聽的那一個人說的，但休息的誡命卻一視同仁。在安息日所有人都同樣蒙福，有同樣的權利：男人和女人、父母和子女、上級和工人、本地人和外地人、人類和動物；他們都應該同樣地、一起地享受安息。一切因分工及工作機構不同而引致的分別，都要在每個星期的第七天再度取消。誰也不能犧牲別人來記念這個安息日。要不就是一起記念，要不就完全不記念。每次記念安息日都要重新恢復所有人所應有的平等。每次紀念安息日都要把人類和動物這個受造物羣體重新建立起來。如果說，按照創造的故事，人類被定爲上帝在地上的形象，因此關連到「管轄」動物的使命，那麼根據第四誡，這個使命在安息日一起休息之中經已執行，經已完成了。

再者，引人注意的，是工作和休息都與自然有關。在當時，「工作」是指在自然中直接用體力勞動，以謀取食物、保護、住所、衣服和能量。在安息日「休息」不是現在所說「停頓一下，恢復精神」，乃是：「你不可作工。」在這一天，你不可侵犯自然，你要讓田地、草原、樹木和動物休息，讓它們可以呼吸空氣。安息日的存在主要不是爲人類，乃是爲了人類工作中的自然。它不僅對於疲乏的人有治療意義，對於被操作的自然也有生態上的意義。在安息日，自然不再是人類耕作的田地，乃是上帝的受造物。上帝讓受造物休息，使之不受干擾，俾可以一同享受創造主賜給所有受造物的福氣。

安息日是不侵犯自然的一天，既不侵犯外面的自然，也不侵犯自己身體的本性（譯者按：自然和本性在德文同爲*Natur*一字）。因此這是紀念創造的節日。我們在這一天要重新發現受造之物的美麗。如果我們在工作期間側重了事物的實用價值，現在就要觀察它們的本身價值了。在人與人之間的關係中，共同的利益和計劃退居次要，人們於是發現自己對別人的興趣， 彼此認眞把對方作爲人看待。所以從前人們往往把安息夜作爲愛之夜來慶祝。

當自己工作的喧嘩歸於沈寂，當反思和計劃停了下來，當人們學會了安靜，他們就會覺察到一些平時遺漏了的事：上帝靜默的臨在；祂在寂靜中是那麼的靠近我們。信義會的神祕主義者替斯笛根 (Gerhard Tersteegen) 有一首主日讚美詩說得好：「上帝在此地，我們裏面的一切都當肅靜。」我們還記得先知以利亞在何烈山遇到上帝的遭遇。他由於自己所傳的信息沒有人聽，又由於以色列人背約，於是到了上帝的山，即何烈山，尋找上帝。他站在山上，烈風大作，但「耶和華卻不在風中」；風後又有地震，「耶和華卻不在其中」；地震後有火，「耶和華也不在火中」。最後，他聽到「微小的聲音」。馬丁路德說那是一個「平靜溫柔的響聲」；布伯 (Martin Buber) 譯爲「靜默即將慢慢消逝的聲音」。到了這個時候以利亞就用外衣蒙着臉，因爲耶和華在那裏。我們在安息日所經驗的，也有點像在「無聲的奧祕」（拉納 [Karl Rahner] 語）中碰到上帝的感覺。安息日是沈思的日子。

每週工作和休息的節奏係以創造主及其整個造物界的節奏爲依據。上帝創造世界，是六天還是七天？問題不在於數字。數字是象徵性的，不能按字面解釋。重要的是，創造是「六天的工作」，正如基督教傳統往往所說的，同時要注意爲甚麼創造主在第七天還加上一些東西。上帝在第七天「完成」創造。祂用甚麼方法呢？祂增加的是甚麼？答案是十分令人驚奇的。本來創造大工在第六天經已結束；在造了人以後，「上帝看着一切所造的都甚好」（創一31）。但創造主似乎要和祂的受造物保持距離。祂退後一步，把受造物放在面前，看得清楚，然後下評語。每一項創造，每一項製作，都是一種發自自己裏面而出及將自己擺上的行動。比方，每一個藝術家都將自己的靈魂放在自己的藝術作品中。所以只有當他能夠退下，回復自我，滿意自己的作品的時候，大功才可以說告成。只有到了那個時候，他才能讓所創造的留在那裏，不必再作甚麼的修正或改善。工作完畢之後，作品便成了；創造之後，受造物便存在。我們是否也把這種第二種的活動（退下）稱爲「具創造性」呢？孩子大了，做父母的都知道要讓他們自由發展，所以自己必須退下。這樣退下很多時候是夠痛苦的，然而對孩子來說，卻是具有高度的創造性，因爲惟有這樣，他們才得到自我發展的空間。這也是創造主的做法。祂完成了創造，就從造物界中退下，讓造物界不受干擾，並滿意自己的創造。

上帝在第六天晚上看見所造的一切都「甚好」，那祂在第七天所加添的是甚麼？上帝在第七天歇了一切的工，休息了，就是這樣「完成」祂的工作，並「賜福」這一天，「定爲聖日」（創二2、3；出二十11）。祂歇了工作就不再干涉了。祂在受造物面前休息，讓它們自由活動。在休息中，祂的經驗和感覺就像祂所創造的一切受造物一樣。祂也在自己的受造物中休息。它們在祂的面前，而祂也在它們的面前。它們都是臨在對方之間。有見於此，先知便說天地是上帝「安息的地方」（賽六十六1；徒七49）。如果上帝創造這個世界，是要在裏面居住和休息，那麼安息日上帝要休息就確實是整個創造的目標了。上帝創造，爲了進入這種休息之中；祂休息不是爲了要再創造。

創造主要藉着自己的休息**賜福**給這第七天。在別處，蒙福的是能力和工作；在這裏卻是一個日子。在別處，上帝以恩典賜福；在這裏卻藉着祂自己無爲的臨在。如果蒙福的是一個日子，那麼這個日子就會產生一種節奏，使到生活在這個日子中的所有受造物都得到好處。這一天是爲萬物存在的，無分彼此。如果上帝賜福是用歇了工，不作干擾的方法，那麼就會讓萬物自然而生。上帝的臨在，是從所有工作中退了下來，卻並不離開萬物；祂所賜的福氣，沒有比這種沒有形象、打破藩籬的臨在更大。

創造主用歇了工的臨在使第七天**成爲聖日**。在以色列這個民族及這片土地成爲「聖潔」之前，安息日早已爲聖。自聖殿第二次被毀之後，安息日就宛似以色列的座堂，而猶太教亦成爲「時間的宗教」（Abraham Heschel 語）。被上帝首先稱爲聖的不是房間、山嶺或城市，而是處在時間的規律中的安息日。這一天是怎樣成爲聖潔的呢？不是藉着宗教或道德方面的努力，乃是藉着鬆弛自己，放下工作，以致人們感覺到他們光是在那裏，不幹甚麼，只一味欣賞事物及人類共同受造的尊嚴及美麗。不存在有目的的活動，實用價值也不起作用。「時間就是金錢」在這裏是不派用場的。這種從目的及利益中獲得解放的生活方式好極了。安息日正是要表達時間上的這種永恆性。

我們把這條誡命及其所依據的理由綜合起來，就得到如下的印象：

上帝創造和塑製一個繽紛多彩的世界，乃是爲了在安息日和祂所有的受造物慶祝創造的節日。因此，安息日是創造的完成；沒有安息日，創造是未完工的，也沒有意義。

我們能夠在工作上同上帝——世界的創造主相一致。嚴格來說，人類的工作是上帝的「製作」，即造形和塑造，不是上帝的「創造」，即從無變有。但在比較的角度上，人類更與創造主一致的，是在第七天休息。事實上人們在第七天休息正是表示同上帝一樣，完成了，在休息，在慶祝。這個節日的存在，不是在恢復工作能力，再度精神飽滿，在星期一重新開工。相反地，六天工作的目的是爲了創造的節日。

在工作和休息中，要和上帝相一致的生活有甚麼意義呢？這種生活表達人是上帝形象的尊嚴。因此，「工作的權利」是人類尊嚴不可割讓的一部分。失業損害上帝在人裏面的形象。然而，在造物的節日享有「休息的權利」同樣屬於人類的尊嚴。「片刻都不休息的非人」——哥德 (Goethe) 的「浮士德」(Faust) 和現代的工作狂人 (workaholic)，經常害怕吃虧，害怕賺得不夠，所以必須不斷工作，不能歇下來，他們是上帝的諷刺畫，不是上帝的形象。如果我們的生活，在工作和休息、活動和慶祝之間與創造主相一致，符合上帝造物的節奏，我們就會健康，也能讓其他受造物生活在和平之中。

我們在星期天做甚麼？假日對於我們有甚麼意義？問題可問錯了。我們應該問：星期天我們不幹甚麼？我們容許甚麼自由自在？爲了打開話題，我有幾點提議：

我們計算一天是從早到晚的。創世的故事卻說「有晚上，有早晨」。我覺得假日若從星期六晚開始到星期日下午結束是有幫助的。這樣我們在星期六休息，起碼在同一個晚上能夠追溯到以色列人守安息的一點味道。我們可以把星期六視爲自然的休息日，起碼在這一天保持沒有汽車廢氣，不使用割草機等等。在週末的靈修中，我們可以領受「終局好，一切都好」(All's well that ends well) 的恩惠，因爲我們幹壞了或疏忽了的，現在得到糾正。我們又可以在這一天的下午和晚上做些健身運動，鬆弛一下，給我們再可以觸覺到身體，知道我們是屬於軀體的。這時候，工具理性 (instrumental reason) 沒事可做，知覺敏銳的理性卻再度觀察萬物的根源。到了星期天早上，我們便準備好慶祝基督從死裏復活的日子，記念這是萬物新生的頭一天，認識到將來萬事萬物都得以完成，因爲上帝終於來了，叫祂所造的世界可以休息。所以這句格言應改爲：「開頭好，一切都好」(All's well that begins well)。

安息日和星期天可否用以施行彈性上班時間呢？我不以爲然，因爲這兩天完全不屬於工作世界的範圍，乃屬於人的尊嚴、人的自重，是屬於男人和女人、父母和孩子、本地人和外地人、人類和動物的。我們要是放棄安息日和星期天，就是犧牲自己。我們受造，是按着上帝的形象，故此不是工作和消費的奴隸。我們是上帝的兒女，不臣服於任何人。安息日和星期天是屬於上帝的，目的是叫我們這些人類得以成爲彼此間的祝福，也成爲整個造物界的一種福氣。

*7. 處於毛和道中間的中國**

要觀察一個前現代 (pre-modern) 的世界如何進入現代化的紀元，沒有甚麼地方要比在中國更顯著的了。整個國家是一個龐大的工地：從茅屋到高樓大廈、從羊腸小徑到高速公路、從村莊到大都會、從農業社羣到中央化的工業社會。中國人民現在正組織起來，要從同自然協調的文化中，邁進世界歷史舞臺那種進步的文化裏。我們可以清楚看到人類文化這兩種基本模式。我們可以理解人們爲甚麼要廢除亞洲這種古老的生活方式。我們也明白人們爲甚麼要接受歐洲早期的

* 筆者按：一九八六年五月到六月間，我在中國旅行。本文取材於那次旅行的見聞。

進步思想，即馬列的社會主義。然而我們也見到種種可怕的矛盾，這是現代的進步文化和孕育它的自然之間所不能避免的。我們不禁要問：中國古代文化的智慧能否及如何醫治現代世界的創傷呢？現代世界的基本問題成爲爭論的原因，是由於古代的均衡文化 (culture of equilibrium) 和現代的歷史觀發生衝突的緣故。因此我在華之旅集中於下述的反思，並由此而引申一般性的考慮。我認爲從前宗教歷史上的討論，諸如中國人的宗教觀究竟是內蘊的還是超越的，及今天的毛澤東思想究竟是要按宗教或世俗的角度解釋等，都經已過時了。我建議從「均衡」(equilibrium) 及「進步」(progress) 這兩個範例開始討論，因爲這樣我們可以更容易領會文化、意識形態和宗教的統一性。

（1）「自然」觀中的和諧

我們參觀北京的故宮，即「紫禁城」，只要穿過「定門」便到達「中國」的中心，亦即世界的中心。故宮的布置呈現絕對的和諧，一切事物都是對稱的：左和右，高和寬，牆壁和屋頂，前庭和後苑。

這裏看不出形式變化或中斷的歷史，一切都只是一個恆久的、一統的和諧。前面是「太和殿」，跟着是「中和殿」，最後是「保和殿」。在中國世界的中心天壇中，對「和諧」的渴望甚至支配着古代的「政治宗教」。這個天壇位於北京的南邊。在這裏，建築上以「圓形」及數目字「三」爲主：祈年殿矗立在大地的四角，大殿作三層疊置的傘形，座落於三層臺基之上。圓丘的壇面、臺階、欄桿、條石全是九或九的倍數。圓形是天的象徵，直角則表示大地。

「和諧」這種基本思想也支配着古代中國《易經》的宗教。中國人是按照這個基本模式來接納外來宗教的。如果粗略地分類，我們可以說：古代的**道教**是追求與自然和諧的宗教，**儒教**是追求社會和諧的宗教，**佛教**，不管是阿彌陀（無量光）或禪宗，是追求內心和諧的宗教。然而這不像萊布尼茲(Leibniz)所說的，是預先確定的、僵硬的和諧；這乃是變動的均衡，使跳動的生命、自然的節奏和歷史的循環都包括在其中，讓人類得以藉此嘗試同生命、自然和歷史相協調，並加以影響。歷史的分歧和生命的矛盾係以陰和陽這種變動的均衡來概括。自然的過程不是作爲原子及關係來分析，乃是透過五行作爲整體來了解。那個令人無法明白的「一」化生爲萬物，萬物又達至和諧復歸於一：「道生一，一生二，二生三，三生萬物。萬物負陰而抱陽，沖氣以爲和。」（《道德經》四十二章）

這種支配宗教和文化的均衡理想，其**經濟現實**是「稻田」（E. Wickert 語）。一個依靠稻米爲生的民族就得依靠稻田文化。種稻需要水分和陽光。稻田則要求集體的體力勞動，密集的耕作。正如稻田的灌溉要靠彼此依賴一樣，所以農夫和地主亦要彼此依賴。沒有人可以把別人的「水源截去」。稻田抗拒資本主義的競爭原則是和抗拒個人主義不相上下的。它要求集體精神和同志般的合作。播種和收割都要取決於季節和望朔。宗教的節日同時是自我更新、孕育生命的大地的節日。梯田是上千年的藝術。它們是無數世代的成果，有無數的人曾在這裏耕種，並以之爲生。所以死者要安葬在田邊。他們要時常和活的人在一起。每一代人都感覺自己是和田裏的祖先相連的，就像一條長鏈子一樣。不像十七世紀的教宗及十九世紀基督新教的宣教士所宣稱那樣，中國古代的祖先崇拜不是迷信，乃是一種理所當然的尊敬，以記念先人在這塊田地裏的耕種，使到活着的人可以繼續存活。由於祖先敬拜使到後人有責任要把稻田傳給子孫，所以祖先敬拜在精神方面很能表達了「代的契約」。

古代中國的**政治宗教**係以帝王崇拜的形式出現，直至一九一一年爲止。不管中國的宮廷接受別的甚麼宗教影響，儒家始終佔盡上風。它一直在宗教上維護君權的合法性，最後才被馬、列、毛的社會主義所替代。按照儒家的教導，人和大地的世界受命於天，即上帝。如果所有的活物都遵守天道，世界就有和平、幸福及和諧。人站於天地之間，是宇宙秩序的樞軸，是一切宇宙規律和循環的中介。這個人的角色係由「天子」所擔綱，他要在人類及自然世界中履行天命。王道符合天道，向萬有發射他的光輝。他將人類和大地帶到正確的道路上。如果皇帝未盡天命，王位就失去合法性，天命於是要轉交另外的賢者。由於貴爲天子的君王直接受命於天，所以他可以宣稱普天之下盡歸他統率。他的治權因此包括一切。但在另一方面，他的統治卻必須與天道相合。天對地的影響有如陰與陽，換言之，不是憑藉暴力，乃是透過變動的均衡；較少直接的介入，寧願是單憑事物本身的分量。與此相應，天子的統治也是憑藉本身所發的光芒和魅力；他作爲世界中心、永恆的極星，不是靠主動介入。他乃是無爲而治。他不去見任何人，但所有人都來到他跟前，因爲藉着他位居中心的身分，藉着他在天壇祭天，他經已居間促成人類和大地同天道之間的和諧。儘管在政治實踐中，古代中國定立法規，以獎懲制度來保證社會的正常秩序；然而，以中樞的身分，以不斷居間促成上達於天的「非暴力統治」卻仍是中國皇帝的理想。

中國的皇帝大概是世界上最後的**祭司皇帝**。在羅馬帝國期間，皇帝的祭司稱號「最高大祭司」*(Bontifex Maximus)*已由蓋拉修一世(Gelasius Ⅰ)移交予教宗了。自此之後，皇帝和教宗之間的分別就開始使歐洲的政治世俗化。不過在中國，政教合一卻維持到一九一一年。儒家是沒有「聖」和「俗」之分的。皇帝站在家長等級制度的首要地位，統領全國。他的職分是源於家長的威嚴，所以國中每一個官員及家中每一位父親的權柄都出自皇帝。在他的身上集合了統治者最高的權力和祭司最高的威嚴，所以「普天之下」，即整個大地及所有民族都要臣服。在春天，皇帝在笛聲陪奏下作爲「首席農夫」在北京社稷壇旁邊的田地犂第一道畦。他在土地神前祈求上天保祐種子生長良好，又感謝穀物豐收，因爲惟有五穀豐登才能國泰民安。無怪典禮官屬於國中最高的官階了。所謂帝王崇拜就是以皇帝有這種祭典意義爲根據的。作爲天的代表，負責整個宇宙，他自然是政治宗教的元首。他向天叩頭表示敬意，所以萬民也相應向他行三拜九叩之禮。作爲祭司君王，他不僅要對自己，更要對歷代先王，尤其是「皇天上帝」表示出忠心耿耿，因爲他和先祖都受命於天，也役於天。宮廷禮儀和皇帝的祭典顯示天人合一的和諧。所以皇帝的觀念涵攝文化和自然之間的統一性：人君不僅對萬民，也對自然世界負起和平的責任。在這方面，我們不妨說，這種君權觀念雖然屬於古代的，卻頗合乎生態原則。中國的政治宗教係以天地的協調爲依歸。這是一種**自然的政治宗教**。

（2）「歷史」觀中的進步

我們的同伴兼繙譯是小顧。他是北京一位聰明的學生。可是他卻不認識《道德經》；孔子也只是在學校裏聽說過，卻沒有讀過；《佛陀言教》是他問我借的，在桂林到武漢的夜車上讀了一遍。他的言論可以歸納爲：「中國是落後的」；革命帶來「大躍進」；文革擺脫了「四舊」；中國需要「進步」，不容許在歷史中停留不動；鄧小平的政策是按西方的模式，借助西方的技術把中國「現代化」。

孫中山從西方世界引進資產階級思想，而毛澤東卻帶來社會主義的觀念；兩者都在中國漢化了。值得注意的是，在中國落戶的，不是工業高度發達國家的思想體系，而是發展中、初期工業化國家的意識形態，即社會主義。西方的資本主義自從鴉片戰爭起，就對中國產生破壞性的作用，叫中國人害怕。蘇聯的社會主義，即馬列主義，在俄國誕生的情況和中國類似，所以對中國人民有解放的作用，給他們帶來盼望。馬克思、列寧和毛澤東的名字，指出了這種意識形態進行的方向和改變。起初，它把德國的唯心歷史哲學和歐洲工業的無產階級受到疏離的痛苦結合起來。它的內容在於「歷史」觀中的「進步」概念，認爲「時間」是直線的，以目標爲指向的。它的支持者是大城市受疏離的無產階級。這種意識形態深信歷史發展的必然性，就是無產階級要解放自己，同時也深信領導無產階級的黨要完成歷史的任務。目標是：人類團結起來，在集中領導之下，要成爲自己歷史的主人。要比較現代世界的這種觀念和中國那種古代觀念，我會嘗試强調其中一些特點，是西方人用自我批評的眼光看爲最重要的。

現代人把世界看爲「歷史」，顯然出自近代歐美的工業革命。一旦人類的世界由人自己計劃和建設，不再受自然的世界所左右，就失去自然的節奏，不以宇宙的法則爲定奪。人類歷史的發展不再與自然的發展相配合，因爲人類歷史的發展在於支配自然，奪取其中的資源，而不是與之和諧協調。人類自定的目標方向取代了自然的地位。同時，人類愈體驗到自己是歷史的主人，愈把自然當作認知和工作的對象，也就愈要追問他們的歷史經驗會有甚麼未來意義，而他們的歷史實踐又有甚麼目的。如果將來的計劃明確，那麼就可以實現每一步在歷史中的目標和意義。於是人們稱這些步驟爲「進步」。所謂進步永遠只是向更好方面邁出的步伐。人類世界既脫離了自然的環境，直線的時間觀也就取代了循環的時間觀，使人類從此不能再看出自然的節奏。然而值得注意的是，初期工業的進步觀係以一個雙重的歷史概念爲依據，而這個概念卻是和古代有關文化與自然之間的和諧關係相一致的：既有時代精神的進步歷史，也有人類的進步歷史。以人類爲主體的歷史，如果要避免墮落到非人性的任意妄爲地步，就必須符合客觀的歷史規律和傾向。以人類爲主體的歷史備受爭議，其所以獲得合法地位，就是透過這個雙重概念，使之有無懈可擊的客觀歷史規則性：世人不同的歷史，各式的進步次序都提升成爲惟一的「歷史」。這惟一的「歷史」取代了天道的位置，在歐洲來說，即取代了上帝的恩佑 (divine providence)。中文「革命」是天意的變更，由另外一個人承受天命（秦家懿語）。惟有相信「歷史」的人，才能談論在客觀上必須要有進步，必須要達到預期的發展；才能劃分爲「落後」及「進步」的文化力量；才能直言「歷史」扶持正確施行社會實踐者，使他們得以成功。這種說法自然是無謂的重複，因爲成功人士早已被歷史證明爲正確了。無論怎樣，透過馬克思，唯心的歷史哲學和歷史的實用主義融合而成爲近代一個統一的意識形態。

這種支配宗教和文化的歷史觀，其**經濟現實**不再是稻田，乃是工廠。不僅是從事工業生產的工人，就是從工業生產中獲得利潤的資本家，都要仰賴這種工業文化。工業生產係以爭取最大的工業生產力和利潤爲目標的。生產必須愈多愈好，而消費也要愈多愈好。所以生產的計劃在於增長和擴張、在於革新、在於權力的積聚。由於生產在原則上是沒有止境的，其趨勢也傾向於普世性。其中一個最重要的推動力是「自由競爭」，或「所有人對抗所有人的鬭爭」。工業化因此無可避免地導致競爭性的社會，導致個人主義。爭取市場和工作崗位成爲這個舞臺的特色。既是工人，每一個人都爲自己。家庭不再扮演任何角色。個人的自由組合替代了自然成長的代間羣體 (community of generations)。一些在高度工業化的西方經過二百年才發生的事，必須要在中國的工業大城中用國家手段立刻執行：計劃生育。現在中國所實施的一個孩子政策是用課稅來使人就範的。這個政策在大城市中有必要，也行得通，但在農村卻不收效。因此，這條法例對農民較爲寬鬆。一個孩子家庭及死人一律火化的政策大概把中國傳統的家庭文化解散了，正如在西方，家庭已經不再是社會援助的主要機構，不再是人所必需的「窩」一樣。不過，中國人民和政府若看出西方「現代化」所付出的代價，如個人化、寂寞、人與人間的疏離等等，也許是有幫助的。街道委員會是否取代了農村的鄉親關係呢？黨是否替代了家庭呢？國家的社會服務工作能否代替家庭的親情連繫呢？誠然，現代工業社會所破壞的，必須透過工廠、城市的機構及國家予以補償。可是，所得眞的勝過所失麼？

人們認爲西方工業文化及其意識形態，不管那是資本主義或社會主義，其宗教根源都是在於所謂的**亞伯拉罕宗教**中——即猶太教、基督教及伊斯蘭教，這種看法是有道理的。因爲這三個宗教是盼望的宗教，因此是歷史生活的宗教。比較來說，自然在這裏所扮演的角色不大。他們信仰的祖宗是亞伯拉罕。「上主」對他說：「你要離開本地、本族、父家，往我所要指示你的地去。我必叫你成爲大國；我必賜福給你，叫你的名爲大。你也要叫別人得福。」（創十二1～2）對於這三個宗教來說，亞伯拉罕這樣離開本地、本族和父家，在外地「長征」尋找將來的家鄉，就是盼望上帝國要降臨的預表。由於聖經上說，「地上的萬族都要因你（亞伯拉罕）得福」（創十二3），所以這些亞伯拉罕的宗教都要成爲世界宗教，在原則上係以全世界爲目標。它們在宣教上必須滲透整個世界，爲世上萬族預備上帝國的降臨。它們不是人類和自然環境保持均衡的宗教，不是爲了代代相傳，不是爲了國家有更大的羣體。它們乃是叫人同過去及現在疏離的宗教，目的是爲了上帝所應許的更大的前程。換言之，它們不是自然的宗教，而是歷史的宗教；不是均衡同和諧的宗教，而是衝突同盼望的宗教。像亞洲人所說的，它們是「侵略的宗教」。然而它們卻是發展現代工業意識形態的宗教基礎，描繪出「歷史」的藍圖，又設計「進步」和「擴張」的程序。

其中一個明顯的標誌是與節期和節日的轉變類似。比方以色列人進入迦南，沿用當地播種和收割、冬至和夏至的節日，卻加上新的意義，以記念自己的救恩歷史。以色列把自然的節期「歷史化」了。社會主義的工業社會也有類似的事：革命的歷史性節日和「勞動節」替代了舊宗教的節期。「歷史」是怎樣使政權成爲合法的呢？如果說，世界歷史的客觀過程是從封建主義經過資本主義而到達共產主義，而「無階級社會」是人類世界歷史的眞正目標；那麼，甚麼是正確而合理的政治實踐就淸楚不過了。凡與歷史那種客觀趨勢相符的政治便是革命的、「進步的」；凡與之相抗相背的政治便是落伍的、反革命的。這個世界史客觀過程的主體是人。在目前的階級社會裏，惟有受剝削、愚拙的無產階級及第三世界受壓逼的民族才能代表整個人類的利益。爲了組織他們起來解放自己，他們需要共產黨的領導。所以黨幹部有責任要採取必要的步驟以推動世界史的過程。這和舊中國的政治宗教相應，是不言而諭的：正如皇帝是在普天之下執行天意一樣，共產黨也要執行歷史的使命，領導所有在歷史中生活的人。如果黨失責，就失去政權的合法地位，另外有人要接受這個使命了。舊中國的政治宗教是蘊含於「自然」觀的和諧概念中。現在的政治思想是馬、列、毛的社會主義，本身是蘊含於「歷史」觀的進步概念中。至於政權的根據，若和舊中國比較，現在的思想是無神的，但從其職權之獲得合法地位來看，卻具有宗教意味。在這裏，歷史神祕主義取代了自然神祕主義；在我們前面的歷史前程替代了在天堂的彼岸；陰陽的變動均衡讓位給歷史的矛盾，以致引發階級鬬爭。「文化大革命」不過是毛澤東嘗試把這種思想刻在人民的心中吧了。

自然的舊道重現於歷史的新道中。在中國的舊宗教和新的政治思想之間，我們可以發現更多類似之處。不過更爲重要的，似乎是看出其中的分別。在理論上，這些分別在於人類的世界史中現代人對**自然的壓制**；在實踐上則在於工業和工業密集區奪取自然資源和破壞自然的再生力量。自然環境和人類心智所承受的壓力，與人口密度的增加成正比；一個城市約有六百萬人口，那壓力就變得無法忍受了。眞正的未來，即大地上的人和自然物能夠繼續生存的前景，因此不在於繼續現代的方案：「歷史觀中的進步」，乃在於調和這個方案和舊方案的智慧：「自然觀中的和諧」。保持內外均衡文化這種生態學智慧，必須轉移到促進內外進步這種歷史性工作上去，使自然同歷史、和諧同進步之間達到均衡，和平最後可以出現。今天，老子的《道德經》在中國被視爲過時、落伍而遭遺忘，但與此同時，西方世界卻將之印了一版又一版，並在環境生態運動中廣泛流傳，獲得重視。這事看來背理，其實不然。

（3）尋求「均衡」和「進步」可行的協調

人類的歷史是在地球所處的宇宙條件下展開的。因此，人類要支配和剝奪自然，不能不破壞自己生存的根基，以致毀滅自己，自然一經「人化」就難免崩潰。它圍繞着，也支撐着人類及其文化。人類及其文化若要繼續生存，就惟有尊重自然的特徵及權利。所謂「自然」，我們是指地球的生態體系。它透過大氣層和生物層吸收太陽能，加以處理，又藉着地球的自轉和公轉確保晝和夜、夏和冬、雨水和陽光的循環。地球這些宇宙條件是非常穩定不變的，使到世上幾百萬年來都可以有生命。人類的文化也一直尊重這些條件，與之適應。排擠和藐視自然藉以維持生命的條件，始作俑者是近代的計劃：「科技文明」。今天，這種文明不獨已達到「增長的極限」，更進入自己在宇宙得以生存的極限中。如果這些生存條件受到無可挽救的破壞，則地上的住客——不僅是人類吧了，會連同地球這個生態體系一起死亡，再也沒有新的面貌了。所以說，「歷史觀的進步」若要站得住，惟有將「歷史」觀納入一個新的「自然」觀中，即把舊「自然」觀的智慧汲取，移植到現代「歷史」觀的框框之中。這不是隨意的、浪漫式的回歸自然，乃是在生態學上採取必要步驟以邁向自然。工業世界不能以目前的形式繼續生存，因為它靠破壞自然為生。後工業的世界(post-industrial world)將是一個在生態學上與自然相適應的世界。人類社會能否繼續生存，全視乎它是否建基於同自然有一個新的均衡上。從工業過渡到後工業時代，從歷史觀的進步轉到要同人類文明的自然條件獲得新的均衡，不少學者認為那是一個「轉捩點」（Fr. Capra語），並且嘗試用中國的陰陽觀念去理解：在男性的、索求的、侵略的、理性的和分析的**陽性時代**之後，該是女性的、保護性的、容易接近的和綜合性的**陰性時代**。陽的作為與自我有關；新的陰的作為卻與環境相協調。兩者的過渡是自然而然的，文雅而輕盈。「一陰一陽之謂道」（《易經》），意即陰退陽進，陽隱陰顯，交互作用，循環不已。核子毀滅潛能的堆積已達到荒謬的程度，人類摧毀動植物已危及自己，而自然生命力遭受不留餘地的消耗，第三世界飢民的集體餓死，在在使人絕對相信人類的時代經已走進一個死胡同了。在現代「歷史」計劃中那個「科技文明」，其蘊藏的毀滅性矛盾不是這個計劃內部的力量可以化解的。能夠保證我們繼續生存的，不是繼續把自然合併到人類的進步歷史中去，乃恰恰相反，是把人類的進步歷史歸納到地球這個生態體系的節奏和循環中。如果我們在人類文化和大地的自然之間尋求協調，使兩者得以繼續生存，那麼我們就該捨棄任何形式的中央主義 (centralism)，因爲這樣的一種協調既不能以人亦不能以宇宙爲中心作界定。與其採取中央主義的概念，倒不如用**同盟** (federation) 關係更有幫助，因爲在同盟中，人類的不同利益也會得到協調。不過，文化和自然之間的同盟，關係不能定得太死，乃應該容許「物質交換」，使這兩個範疇隨着重點的轉移而跟着節奏互相滲透。

在中國的古文化中，道家提倡人與自然合一以達至與自然協調，又主張人在自然中應無爲而治。這種看法對於現代人尋求一個可以令我們繼續生存的文化大有裨益。「是以知無爲有益」（《道德經》四十三章）。把大地看爲「萬物之母」這種神祕主義觀念含攝着一種智慧，叫我們洞悉地球上的生態條件：「既知其母，又知其子」（五十二章）。人類不是「自然的主人及擁有者」，乃是「地球」生態體系的「孩子」。在「無爲」中，人可是積極臨在的，這有點反映出聖經安息日的智慧：「生而不有，爲而不恃，長而不宰，是謂玄德。」（十章）第七十六章標明要從「硬科技」輕輕轉到「輭科技」去：「人生之柔弱，其死堅强……故堅强者死之徒，柔弱者生之徒。」「天下柔弱莫過於水，而攻堅；强莫之能先。……故弱勝强，柔勝剛。」（七十八章）

到目前爲止，現代的「科技文明」促進了**中央制的組織**，諸如工業區、工業集團、人口密集的大都會、中央能源供應等等。工業和人口作這樣的集中化可給自然環境帶來負擔，使之趨向毀滅。所以工業區愈密集，樹林就枯死得更快，而雨水愈不純潔，空氣愈加污染。如此下去，工業力量進一步集中實在說不上是甚麼有意義的進步。如果人類歷史的設計要繼續行得下去，人類的文明就必須分散。現代的通訊技術經已使笨重的行政中心成爲多餘。使用太陽能的新方法將要取代中央能源供應系統。這也會使到各國的社會和政治結構有權力分散的可能。於是各省政府之於中央政府，各社區之於省政府，都變得更加獨立。人們生活在可以看得見的團契中，自能克服個人化的傾向及人與人間的疏離。道家的理想：「小國寡民，使有什佰之器而不用……雖有甲兵，無所陳之」（八十章）並不是虛無縹緲的事。舒麥赫 (E. F. Schumacher) 在其所著《小是美麗》*(Small is Beautiful)* 一書中即採用了這種思想，並將之用於療治現代大都會的創傷上，很有影響力。

現代「歷史」觀係以階級鬬爭的**矛盾**為出發點，採用社會主義形式，其實際理論就是藉無產階級的自我解放以解放全人類。如果這種鬬爭在某一個國家獲得成功，人們就可以宣布階級鬬爭結束了——像中國那樣。既然再沒有階級存在，那麼人們大可以把那種矛盾的**鬬爭辯證法**轉變為陰陽的**和平辯證法**，使「非對抗性的矛盾」在新社會中不再是矛盾，乃成為在生命的變動均衡中互相補充的運動。要創造社會一個新典範，使之可以和大地的自然相協調，可以繼續生存。換言之，要創造一個後工業的社會的新典範，中國古代思想那種充滿張力和動力的和諧追求，又再度為我們帶來無可估量的重要意義。

—— 全書完 ——